David Wohlhart – Michael Scharnreitner – Elisa Kleißner

Mathematik für die 2. Klasse der Grundschule

Schülerbuch

Helbling

Inhaltsverzeichnis

Inhaltsverzeichnis

So funktioniert dein Mathematikbuch

1 Bilde Mengen.

Jede Aufgabe hat eine Nummer. Daneben steht die Anweisung. Wenn du sie noch nicht selbst lesen kannst, lass sie dir vorlesen.

2 Schreibe

Das Heft sagt dir, dass du die Lösung in dein Mathematikheft schreiben sollst.

3 Finde ★

Der Stern zeigt dir, dass eine Aufgabe besonders knifflig ist.

Bleib in Form!

Mathematik lernst du am besten, wenn du immer wieder übst. „Bleib in Form!" hilft dir dabei.

Plusrechnen, Tauschaufgabe

Bei der Eule findest du wichtige Wörter.

Cedric und seine Freunde begleiten dich durch das Schuljahr. Jedes Kapitel beginnt mit einem Bild aus ihrer Abenteuergeschichte.

1. Das war die erste Klasse

1 In der ersten Klasse hast du schon viel in Mathematik gelernt.
Woran kannst du dich noch erinnern? Schreibe gemeinsam mit anderen
Kindern eine Liste und besprecht eure Erinnerungen.

Zahlen

Minusrechnen

Nora

Plusrechnen

Formen

Cedric

Philipp

Aron

Linn

Wiederholung des Mathematikstoffs der ersten Klasse
1) Abenteuergeschichte ▶ LH

1. Das war die erste Klasse

Das waren die Ferien!

1 Hanna hat die Kinder ihrer Klasse gefragt, was sie in den Ferien gemacht haben. Was kannst du aus ihrer Liste ablesen?

Fußball spielen: ЖЖ ЖЖ
Lesen: ЖЖ ||
Wandern: |||
Schwimmen: ЖЖ ЖЖ ||
Eis essen: ЖЖ ЖЖ ЖЖ ЖЖ |

mehr als,
weniger als,
gleich viele,
niemand

2 Frage die Kinder deiner Klasse, was sie in den Ferien gemacht haben.

3 Frage die Kinder deiner Klasse, worauf sie sich im Herbst freuen.

Gestalte eine Liste.
Worauf freuen sich die Kinder am meisten?
Worauf freuen sie sich am wenigsten?

musizieren: |
Halloween: ЖЖ

Bleib in Form!

4 Auf einen Blick: Welche Zahlen sind hier dargestellt?

Wiederholung: Daten, Tabellen, Strichnotation
2) 3) Vorschläge für weitere Umfragen und die Darstellung der Ergebnisse ▶ LH
4) Der Abschnitt „Bleib in Form!" greift hier und auf jeder zweiten folgenden Seite grundlegende Fähigkeiten und Fertigkeiten wieder auf, die langfristig geübt werden sollen.

1. Das war die erste Klasse

1 Zähle vorwärts und rückwärts.

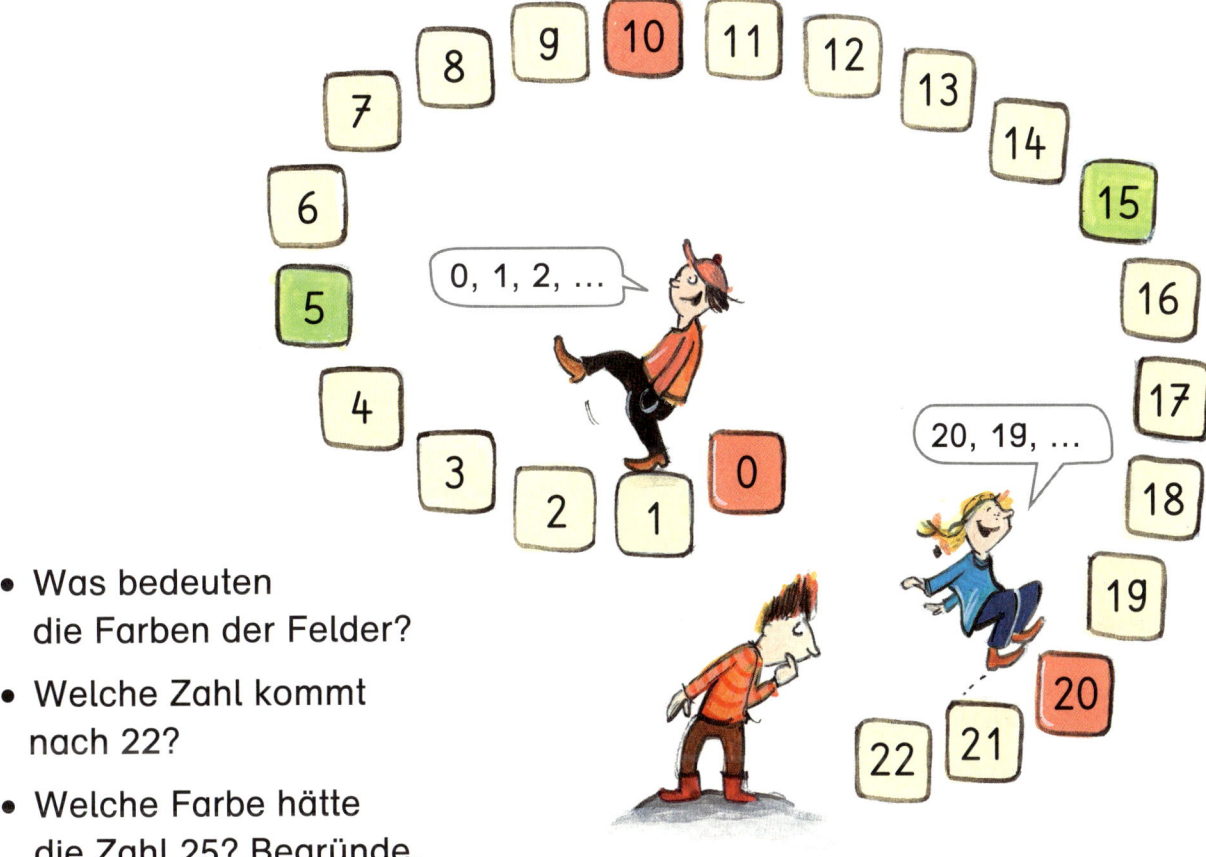

- Was bedeuten
  die Farben der Felder?
- Welche Zahl kommt
  nach 22?
- Welche Farbe hätte
  die Zahl 25? Begründe.

2 Zähle in Zweierschritten bis 20.

3 Welche Zahlen sind gesucht?

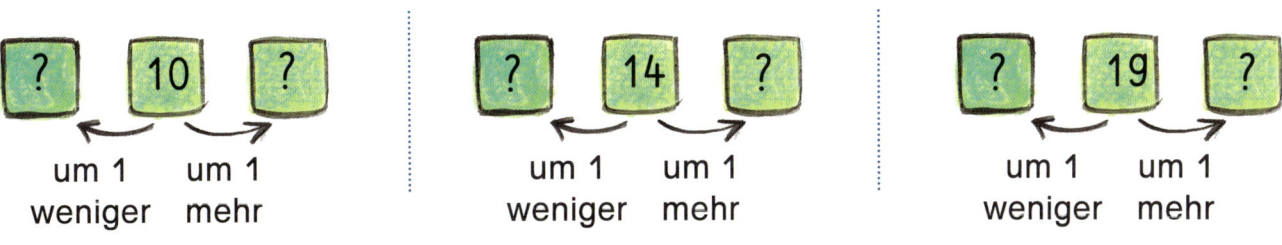

?	10	?
um 1 weniger		um 1 mehr

?	14	?
um 1 weniger		um 1 mehr

?	19	?
um 1 weniger		um 1 mehr

Wiederholung: Zahlenraum 20
3) Weiterführung: Partnerarbeit: Ein Kind nennt eine Zahl, das andere Kind sagt die Nachbarzahlen, Rollenwechsel, Spielvarianten ▶ LH

1 Lege auf verschiedene Arten und schreibe eine Plusrechnung.

Plusrechnung,
Zwanzigerfeld,
Tauschaufgabe

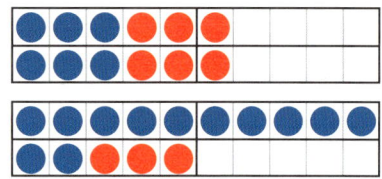

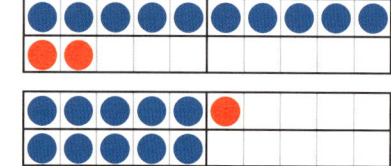

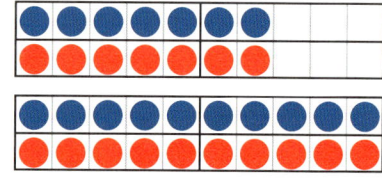

2 Lege und rechne bis 10 und dann weiter.

8 + 5 =

8 + 6 =	6 + 8 =	9 + 3 =
7 + 4 =	5 + 7 =	7 + 6 =
9 + 5 =	8 + 8 =	8 + 4 =
5 + 6 =	7 + 7 =	3 + 8 =

3 Rechne und bilde die Tauschaufgabe. Welche Aufgabe ist leichter?

12 + 3 =

1 2 + 3 = 1 5

3 + 1 2 = 1 5

11 + 6 =	4 + 16 =	18 + 2 =
2 + 14 =	7 + 11 =	5 + 13 =
10 + 2 =	13 + 6 =	4 + 11 =

Bleib in Form!

4 Auf einen Blick: Welche Zahlen sind hier dargestellt?

Wiederholung: Plusrechnung über den Zehner, Tauschaufgaben
1) 2) Die Kinder verwenden die Legeplättchen aus den Stanzbögen.

1. Das war die erste Klasse

1 Lege und schreibe eine Minusrechnung.

$1\,2 - 3 = 9$

Minusrechnung, Umkehraufgabe

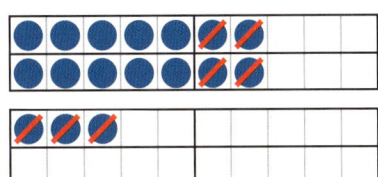

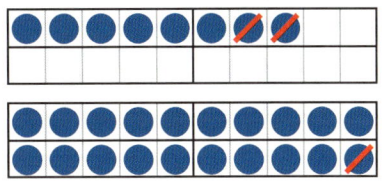

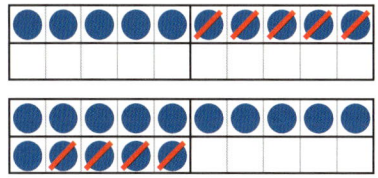

2 Rechne bis 10 und dann weiter.

$13 - 7 = \square$

$$1\,3 - 7 = 6$$
$$3 \quad 4$$

$11 - 4 = \square$	$13 - 5 = \square$	$14 - 7 = \square$
$12 - 6 = \square$	$16 - 9 = \square$	$15 - 9 = \square$
$14 - 5 = \square$	$12 - 4 = \square$	$11 - 8 = \square$

3 Rechne und kontrolliere mit der Umkehraufgabe.

$16 - 8 = \square$

$1\,6 - 8 = 8$, weil $8 + 8 = 1\,6$

$8 - 4 = \square$	$18 - 9 = \square$
$10 - 5 = \square$	$6 - 3 = \square$
$14 - 7 = \square$	$12 - 6 = \square$

4 Drei Zahlen, vier Aufgaben.

a)
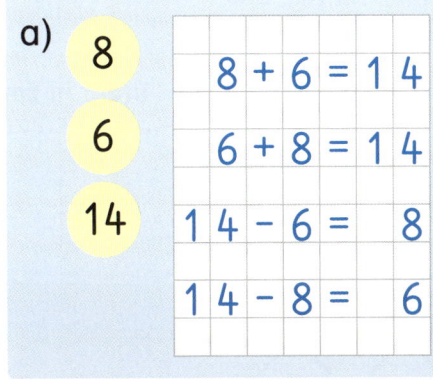

8
6
14

$8 + 6 = 1\,4$
$6 + 8 = 1\,4$
$1\,4 - 6 = 8$
$1\,4 - 8 = 6$

b) 10   9   19

d) 9   8   17

c) 7   11   4

e) 12   8   20

Wiederholung: Minusrechnung über den Zehner, Umkehraufgaben
4) Die Kinder bilden aus den vorgegebenen Zahlen jeweils zwei Plusaufgaben und zwei Minusaufgaben. Sie verwenden Tausch- und Umkehraufgaben.

9

1 Welche geometrischen Figuren erkennst du?
Zähle sie und gestalte eine Tabelle.

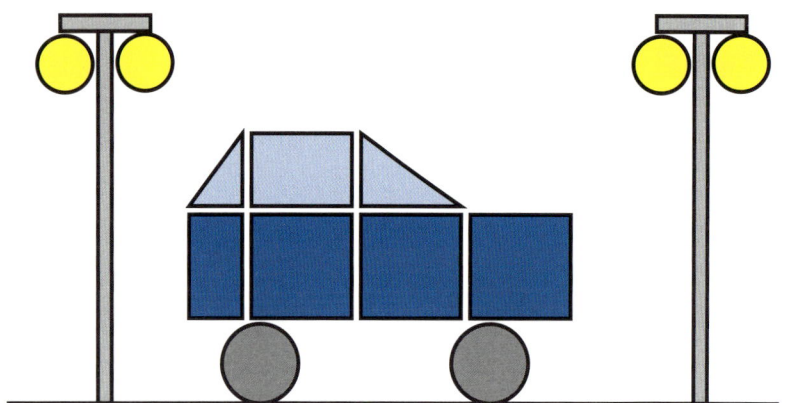

Kreis,
Dreieck,
Rechteck,
Quadrat

2 Gestalte ein Auto aus Rechtecken,
Quadraten, Dreiecken und Kreisen.
Zeichne es in dein Heft. Kreise kannst du
mit Hilfe einer Münze zeichnen.

3 Ergänze die Zahlenmauern.

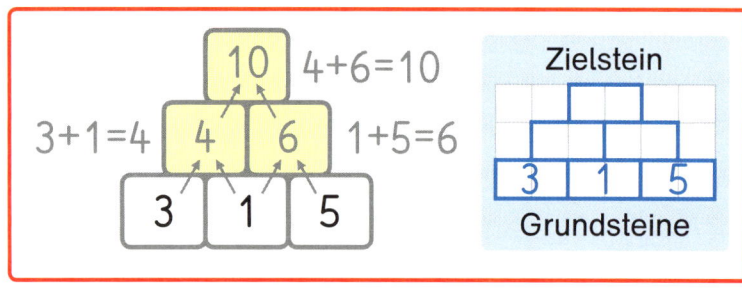

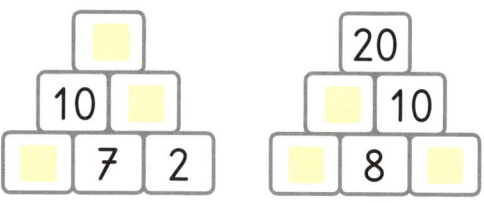

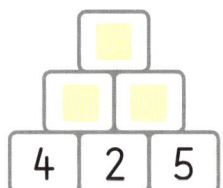
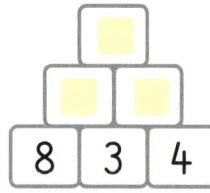
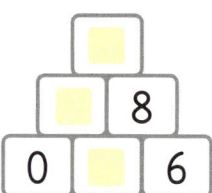
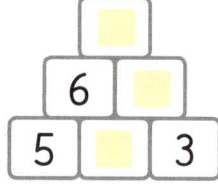
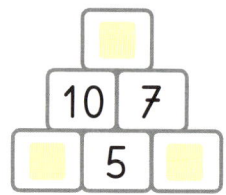

Bleib in Form!

4 Zeichne eine Musterzeile mit Strichmännchen in dein Heft.

Anleitung:

Muster:

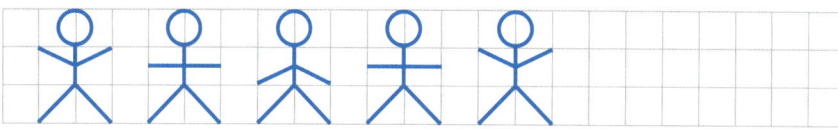

Wiederholung: geometrische Figuren, Zahlenmauern

1 Wie viele Sterne sind auf der Tafel?

2 Spiel: Wie viele Sternlein stehen?

Zwei Kinder bilden eine Mannschaft.
Sie kommen zur Tafel und zeichnen so viele Sterne wie möglich.
Sie haben 20 Sekunden Zeit.
Am Ende wird gezählt, indem immer 5 oder 10 Sterne gebündelt werden.
Danach sind die nächsten zwei Kinder an der Reihe.

Zähle, wie viele Sterne Helga und Jakob gezeichnet haben.

Zahlenraum 100: Orientierung
1) Abenteuergeschichte ▶LH Schätzen und Zählen: Anzahl simultan erfassen, geschicktes Zählen
2) TIPP Differenzierung: Mehr Zeit geben, vor dem Zählen schätzen lassen, Zeitmessung einem Kind übertragen

11

2. Zahlenraum bis 100

1 Wie viele Kastanien haben die Kinder gesammelt?

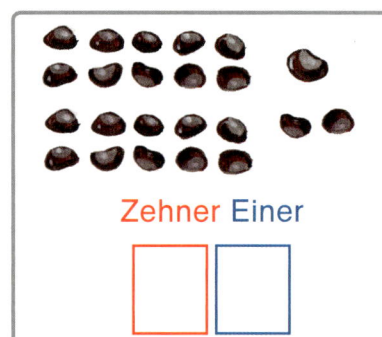

Zehner Einer

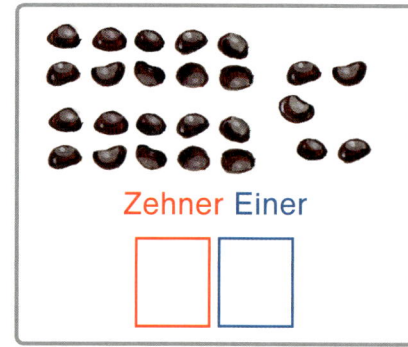

Zehner Einer

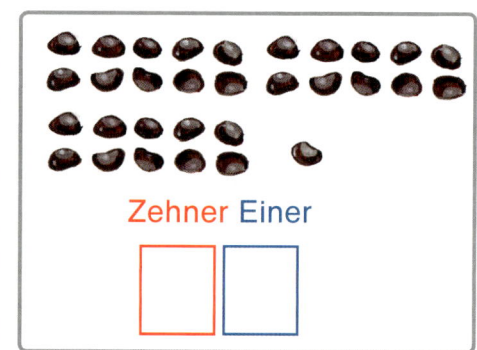

Zehner Einer

2 Sammle selbst Kastanien oder Dinge in deiner Klasse und zähle sie. Bilde 10er-Gruppen, damit du leichter zählen kannst.

3 Wie viele Plättchen?

a)
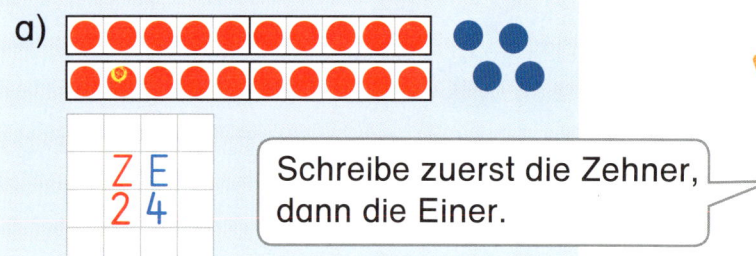

Z E
2 4

Schreibe zuerst die Zehner, dann die Einer.

Z ... Zehner
E ... Einer

b)
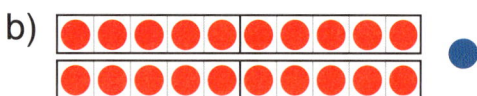

c)

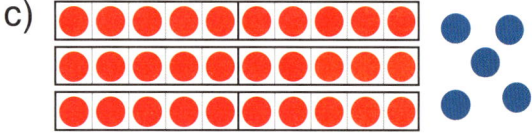

d)
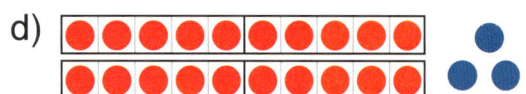

e)
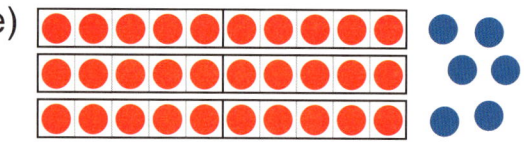

f)
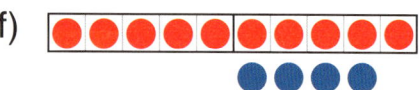

g)
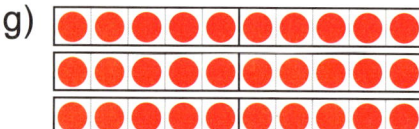

Bleib in Form!

4 Rechne.

$5 + 5 = $ 　　　$6 + 6 = $ 　　　$3 + 3 = $ 　　　$7 + 7 = $

$9 + 9 = $ 　　　$10 + 10 = $ 　　　$8 + 8 = $ 　　　$4 + 4 = $

Dezimalsystem: Zehner und Einer

1 Lege und sprich die Zehnerzahlen.

1 Zehner: zehn

Z	E
2	0

zwanzig

Z	E
3	0

dreißig

Z	E
4	0

vierzig

Z	E
5	0

fünfzig

Z	E
6	0

sechzig

Z	E
7	0

siebzig

Z	E
8	0

achtzig

Z	E
9	0

neunzig

2 Lege und sprich die Zahlen.

Zweiundvierzig

Z	E
5	4

Z	E
2	7

Z	E
8	3

Z	E
6	5

Z	E
3	1

Z	E
4	6

Z	E
5	3

Z	E
9	2

3 Welche Zahlen sind dargestellt?

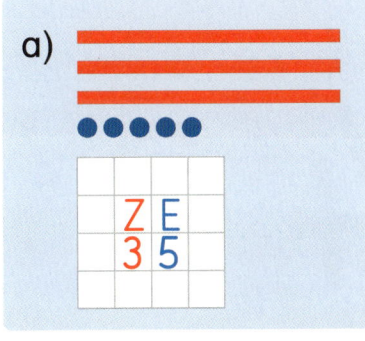

a)

Z	E
3	5

b)

c)

d)

e)

4 Stelle die Zahlen in deinem Heft dar.

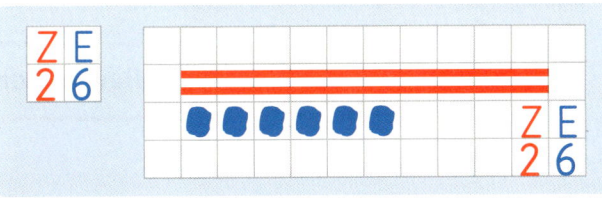

Z	E
2	6

Z	E
2	6

Den Zehnerstrich zeichne ich 10 Kästchen lang.

Z	E
8	5

Z	E
7	8

Z	E
5	2

Z	E
9	7

Z	E
6	9

Z	E
8	3

Z	E
9	6

Dezimalsystem: Zehner und Einer
3) **TIPP** Zahlenkartenspiele ▶ LH

2. Zahlenraum bis 100

1 Zerlege die Zahlen in Zehner und Einer.

25 = ☐ Z + ☐ E

25 = 2 Z + 5 E

31 = ☐ Z + ☐ E   96 = ☐ Z + ☐ E
87 = ☐ Z + ☐ E   59 = ☐ Z + ☐ E
64 = ☐ Z + ☐ E   72 = ☐ Z + ☐ E

2 Zerlege die Zahlen.

36 = ☐ 0 + ☐

36 = 30 + 6

58 = ☐ 0 + ☐   63 = ☐☐ + ☐
29 = ☐ 0 + ☐   91 = ☐☐ + ☐
75 = ☐☐ + ☐   42 = ☐☐ + ☐

3 Zeige die Zahlen.

Die Lehrerin oder der Lehrer sagt eine Zahl: **Dreiundvierzig!**

Die Kinder halten die Zahl mit Zahlenkärtchen hoch.

Es werden weitere Zahlen angesagt: **Fünfundneunzig! Achtunddreißig! Einundsechzig! Siebenundzwanzig!**

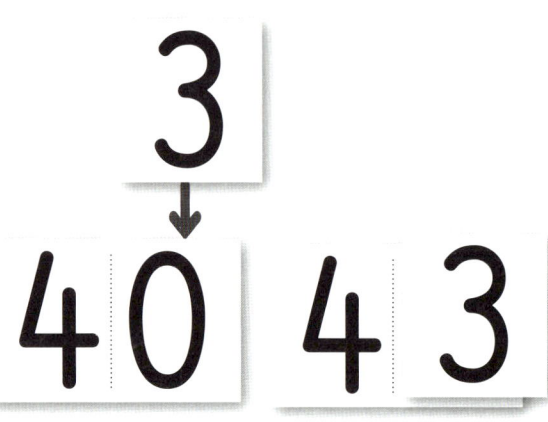

Bleib in Form!

4 Rechne.

10 − 2 = ☐   10 − 8 = ☐   20 − 1 = ☐   20 − 9 = ☐
10 − 5 = ☐   10 − 4 = ☐   20 − 7 = ☐   20 − 3 = ☐

Dezimalsystem: Zehner und Einer
3) Die Kinder verwenden die Zahlenkarten aus den Stanzbögen. Weitere Zahlenkartenspiele ▶ LH

14

2. Zahlenraum bis 100

1 Beantworte die Fragen zum Hunderterfeld.

a) Wie viele Punkte
hat das Feld?

b) Wie viele Zehner
hat das Feld?

c) Wie viele Punkte
hat das halbe Feld?

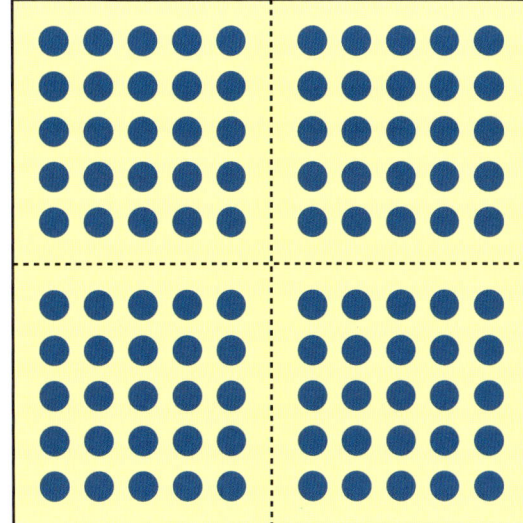

10 zehn
20 zwanzig
30 dreißig
40 vierzig
50 fünfzig

60 sechzig
70 siebzig
80 achtzig
90 neunzig
100 hundert

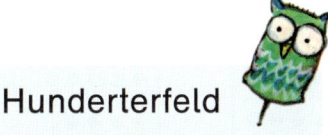
Hunderterfeld

2 Zeige die Zahlen auf dem Hunderterfeld. Verwende die Abdeckplatte.

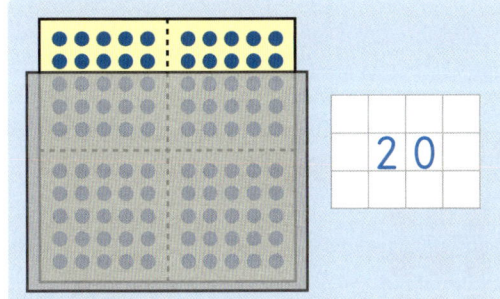
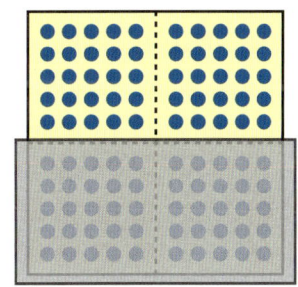
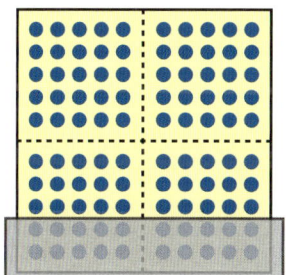

3 Zeige die Zahlen auf dem Hunderterfeld. Verwende die Abdeckplatte.

30   70   10   60   50   80   90   20   100

4 Welche Zahlen werden hier gezeigt?

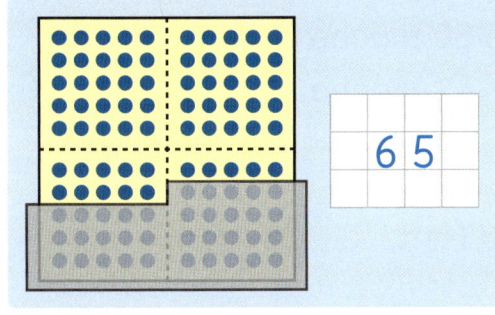
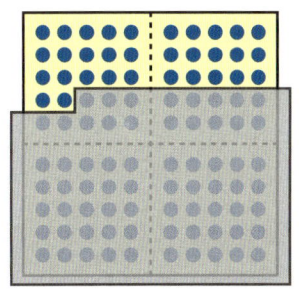
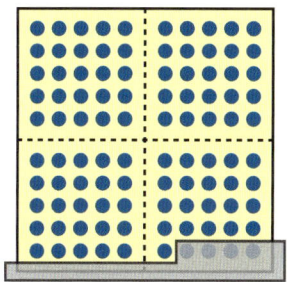

5 Zeige die Zahlen auf dem Hunderterfeld. Verwende die Abdeckplatte.

15   41   53   38   82   94   76   29   67

Zahlenraum 100: Hunderterfeld
1) Das Hunderterfeld liegt als Stanzbogen bei. Die Abdeckplatte kann aus DIN A4-Karton hergestellt werden ▶ LH

15

2. Zahlenraum bis 100

1 Stelle die Zahlen in deinem Heft dar.

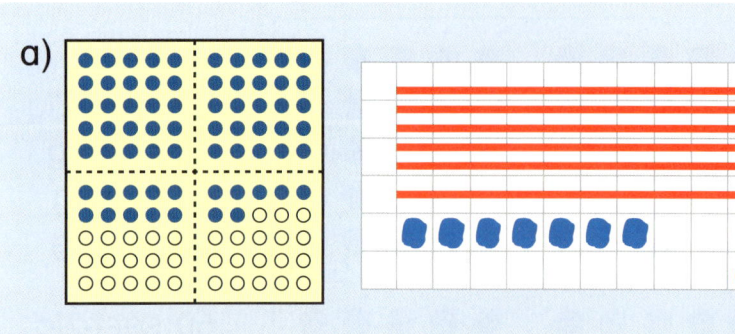

Nach 5 Strichen lasse ich einen kleinen Abstand.

b) 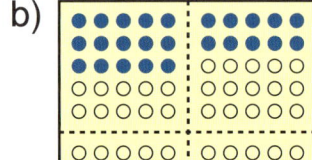 c) 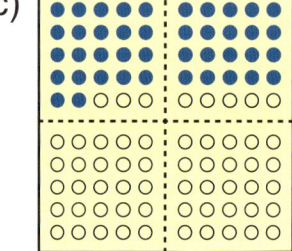 d) 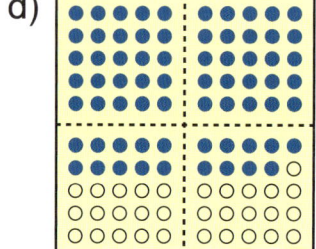 e)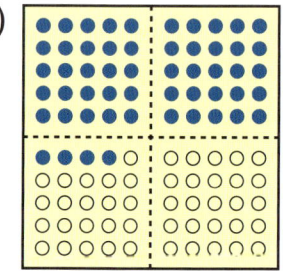

2 Lege die Zahlen und verändere sie.

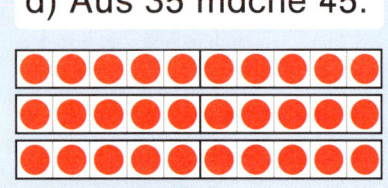

a) Aus 35 mache 45.

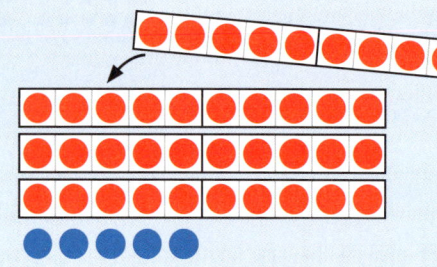

1 Zehner dazu!

b) Aus 13 mache 23.

c) Aus 64 mache 65.

d) Aus 90 mache 100.

e) Aus 80 mache 70.

f) Aus 36 mache 37.

g) Aus 22 mache 32.

h) Aus 28 mache 29.

i) Aus 71 mache 61.

j) Aus 50 mache 51.

k) Aus 62 mache 72.

Bleib in Form!

3 Zeichne eine Musterzeile mit Häusern in dein Heft.

Anleitung:

Muster:

Zahlenraum 100: Arbeit im Hunderterfeld

3. Pentominos

Pentomino

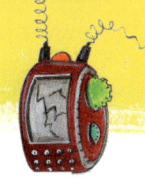

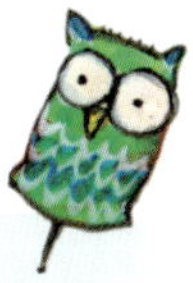

1 Wie passen die Teile zusammen?

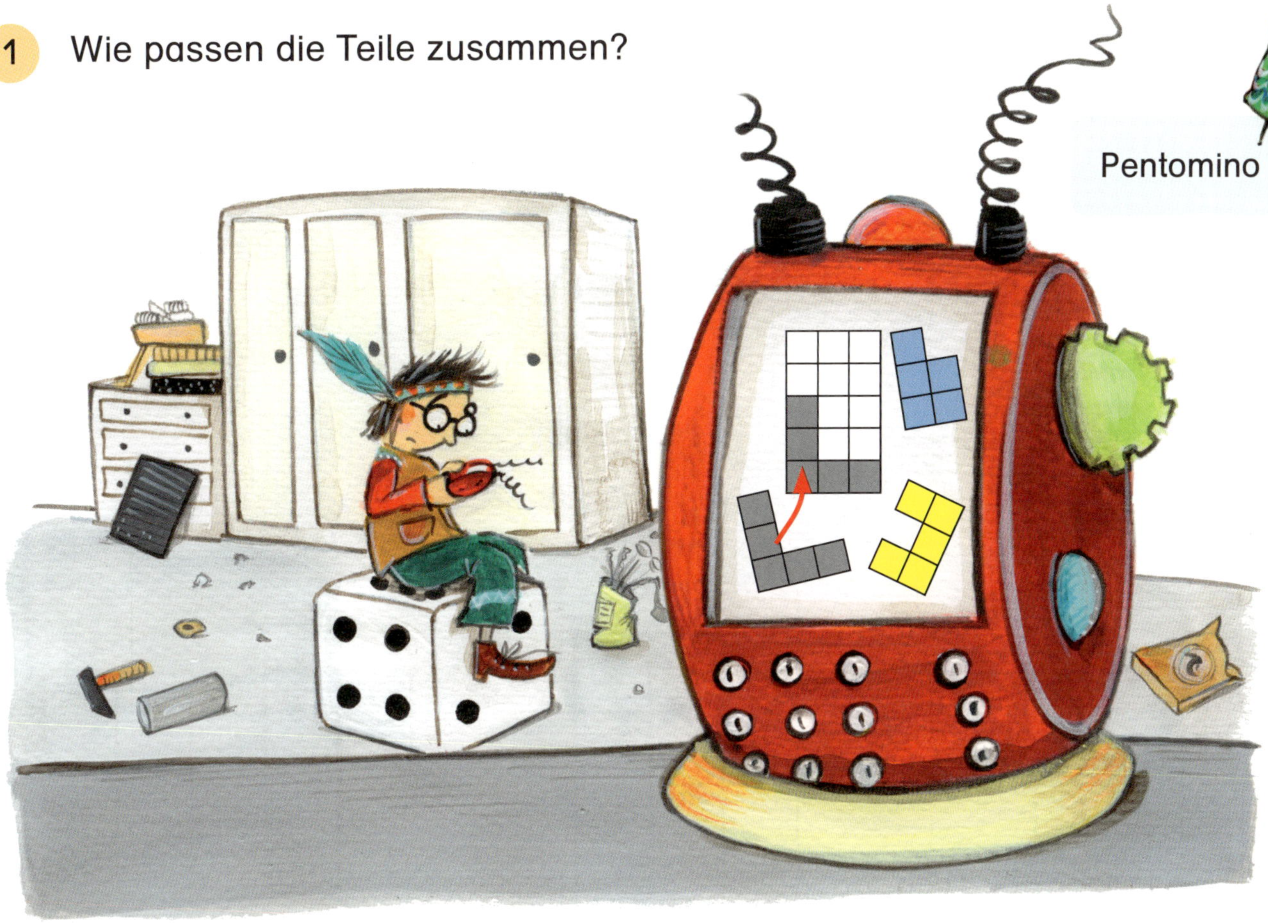

2 Lege die Rechtecke mit Pentominos aus.

Verwende die Pentominos
aus den Stanzbögen.

Raum und Form: Pentominos
1) Abenteuergeschichte ▶LH
2) TIPP Weitere Aufgaben mit Pentominos ▶LH

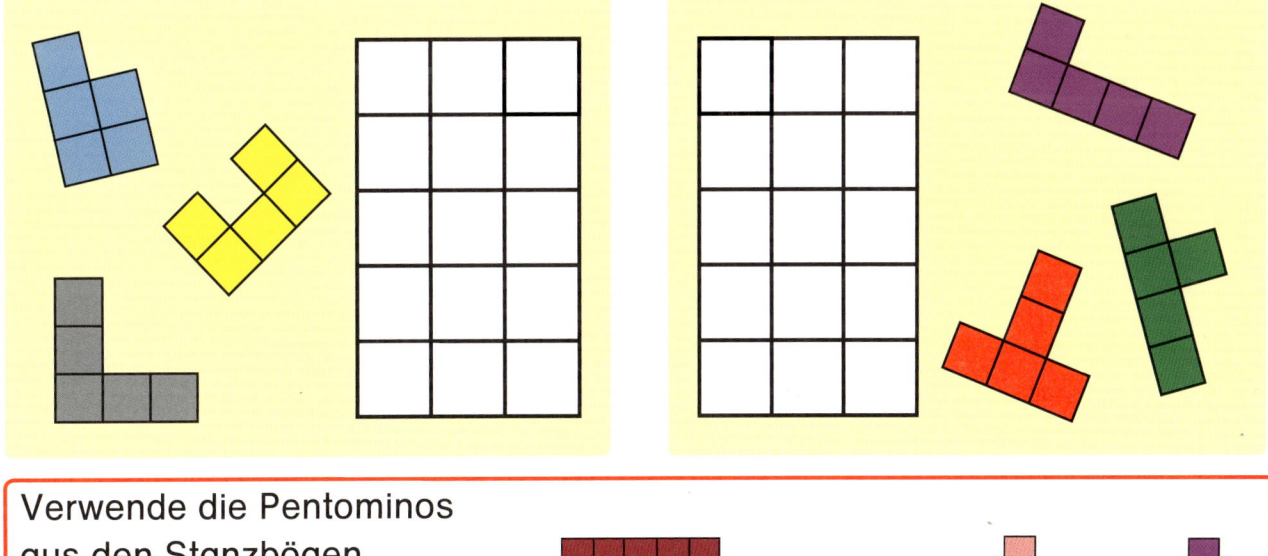

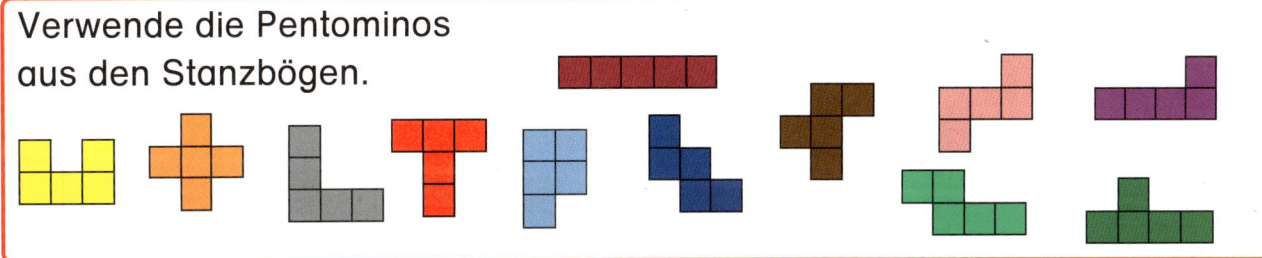

3. Pentominos

1 Lege die Figuren mit Pentominos aus.
Zeichne die Lösungen in dein Heft.

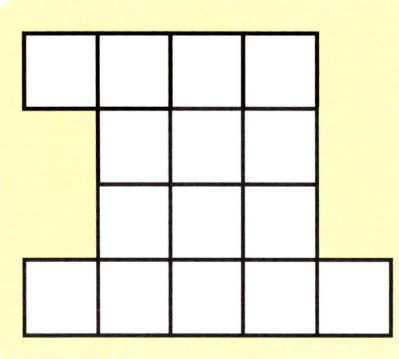
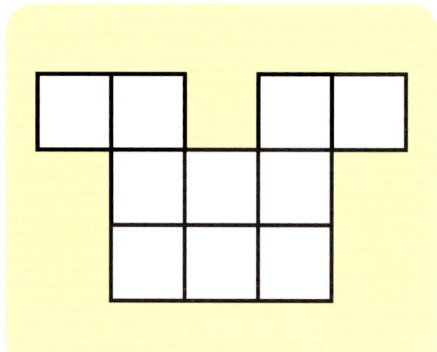

2 Erfinde selbst Pentominofiguren und zeichne sie in dein Heft.

3 Zeichne diese Pentominos und ihre Spiegelbilder in dein Heft.

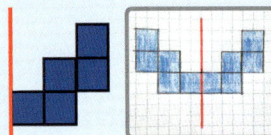
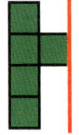
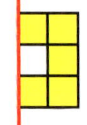
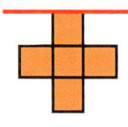

Bleib in Form!

4 Auf einen Blick: Nenne die Zahlen.

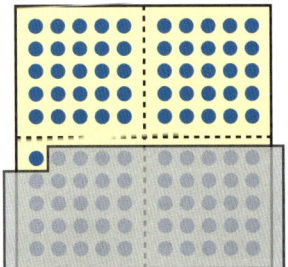
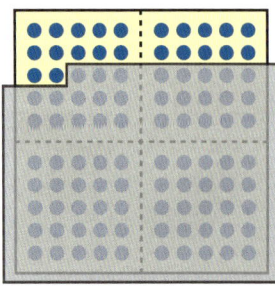
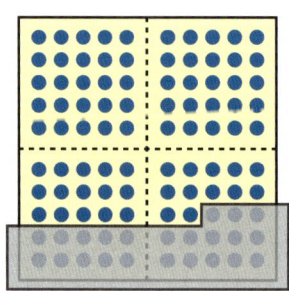
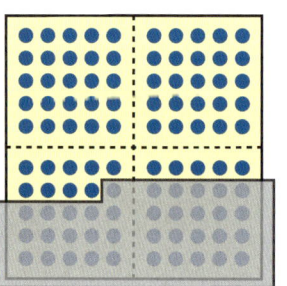

3. Pentominos

1 Zeichne die Figuren in dein Heft und male ihre Fläche aus.
Zähle die Kästchen und bestimme so die Größe ihrer Flächen.

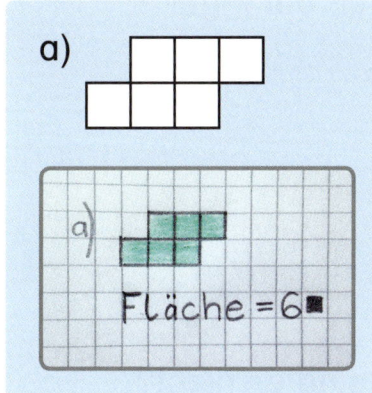

a)

b)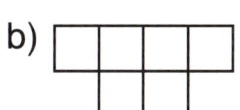

d)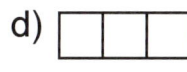

Fläche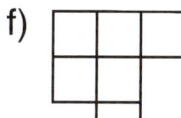

c)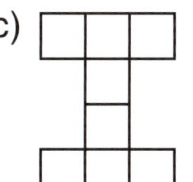

e)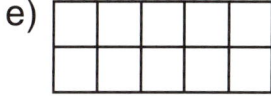

f)

2 Erfinde selbst Figuren mit der angegebenen Fläche.
Vergleiche deine Lösungen mit anderen Kindern.

a) Eine Figur mit der Fläche 4 Kästchen.
b) Eine Figur mit der Fläche 5 Kästchen.
c) Eine Figur mit der Fläche 6 Kästchen.
d) Eine Figur mit der Fläche 10 Kästchen.
e) Eine Figur mit der Fläche 20 Kästchen.

Zeichne immer mit gespitzten Stiften.

3 Vergleiche die beiden Figuren.
Welche ist länger? Welche hat die größere Fläche?

4 Hat Tina recht? Besprich deine Überlegungen mit anderen Kindern.

Ich habe eine Figur aus
3 Pentominos gelegt.

Ich weiß, wie groß die
Fläche deiner Figur ist.

Aber du hast sie ja noch
gar nicht gesehen.

3. Pentominos

1 Eine Tetris-Figur hat bestimmte Eigenschaften:
1. Sie muss aus 4 Kästchen bestehen.
2. Jedes Kästchen muss mit einem anderen Kästchen der Figur eine gemeinsame Seite haben.

Beispiele:

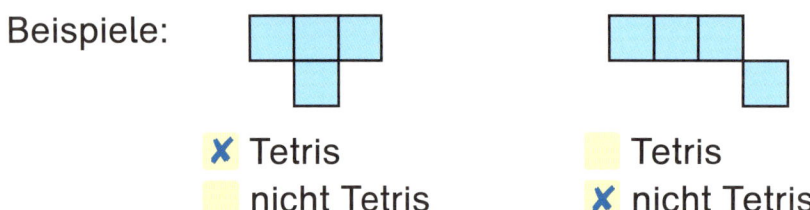

X Tetris   ☐ Tetris
☐ nicht Tetris   X nicht Tetris

Welche dieser Figuren sind Tetris-Figuren? Welche sind es nicht? Begründe.

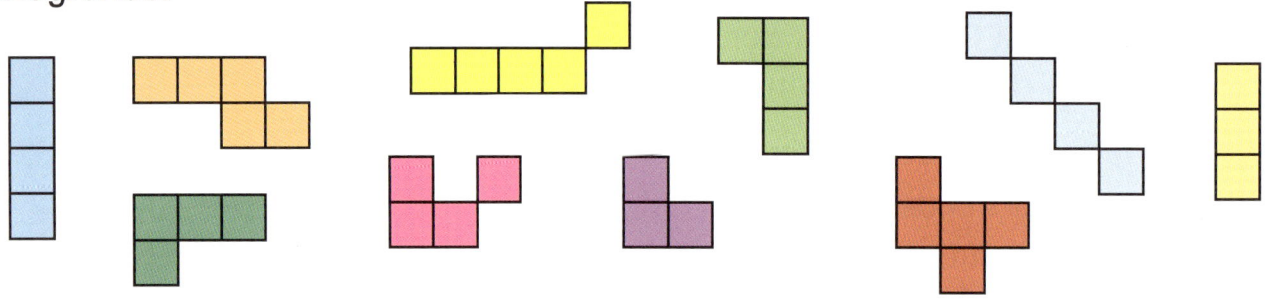

2 Wie viele verschiedene Tetris-Figuren gibt es?
Finde sie und zeichne sie in dein Heft.

Achtung! Gedrehte oder gespiegelte Figuren gelten nur als eine Figur.

Beispiel:

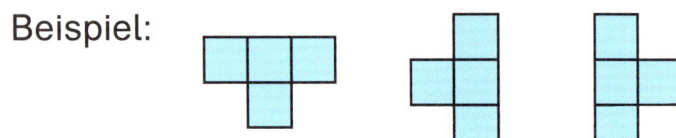

Bleib in Form!

3 Auf einen Blick: Nenne die Zahlen.

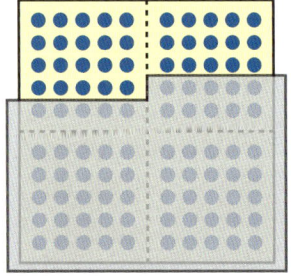 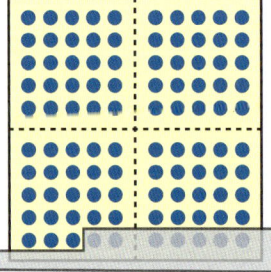 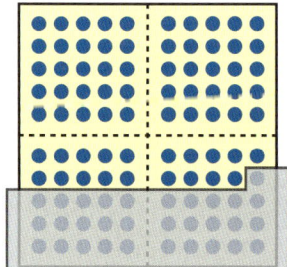 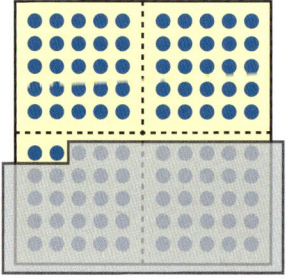

Raum und Form: Tetris-Figuren

4. Die Hundertertafel

1 Welche Zahlen passen in die farbigen Felder?

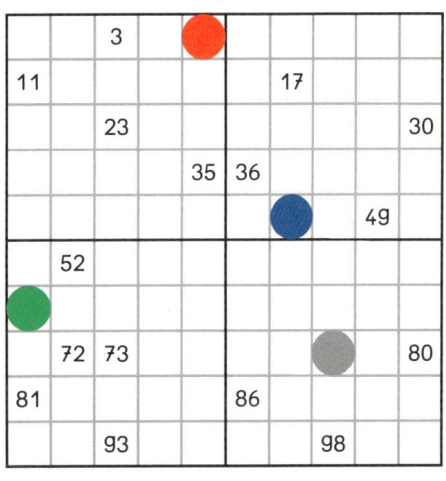

Hundertertafel

Die Tür hat ein Zahlenschloss. Wie können wir sie öffnen?

Ich muss aus den Ziffern die richtigen Zahlen zusammenstellen und sie der Größe nach ordnen.

2 Welche Zahlen sind auf diesen Hundertertafeln markiert?

1	2	3	4	5					10
11					(grün)	17			20
		23							30
(rot)		33	34	35	36	37	38	39	40
		43	44					49	
51	52	53	54			(grau)		59	
									70
	72	73			76				80
81	82	83			86		(blau)		90
91	92	93			96	97	98	99	100

		3		(rot)					
11						17			
		23							30
				35	36				
						(blau)		49	
	52								
(grün)									
	72	73					(grau)		80
81					86				
		93					98		

Zahlenraum 100: Hundertertafel
1) **TIPP** Die Hundertertafel befindet sich auf der Rückseite des Buches, Kopiervorlage ▶LH

21

4. Die Hundertertafel

1 Zahlenspiel mit der Hundertertafel: Spielt zu zweit. Lege ein Plättchen auf die Hundertertafel. Das andere Kind legt die Zahl mit Zahlenkärtchen.

1	2	3	4	5	6	7	8	9	10
11	12	13		15				19	20
21	22				26		●		30
	33						38		
41		43						49	50
		54	55	56					
61					66	67		69	
	72		74						80
81			85	86	87				
	92	93						99	100

2 8

2 Beantworte die Fragen.

a) Wie viele Felder hat die Hundertertafel?

b) Was haben Zahlen gemeinsam, die untereinander stehen?

Bleib in Form!

3 Rechne.

14 + 3 = ▢	3 + 11 = ▢	18 − 3 = ▢	20 − 3 = ▢
16 + 4 = ▢	2 + 18 = ▢	15 − 1 = ▢	18 − 4 = ▢
10 + 2 = ▢	6 + 13 = ▢	19 − 9 = ▢	19 − 2 = ▢
13 + 5 = ▢	4 + 14 = ▢	16 − 5 = ▢	17 − 6 = ▢

1 Welche Zahlen sind hier dargestellt?

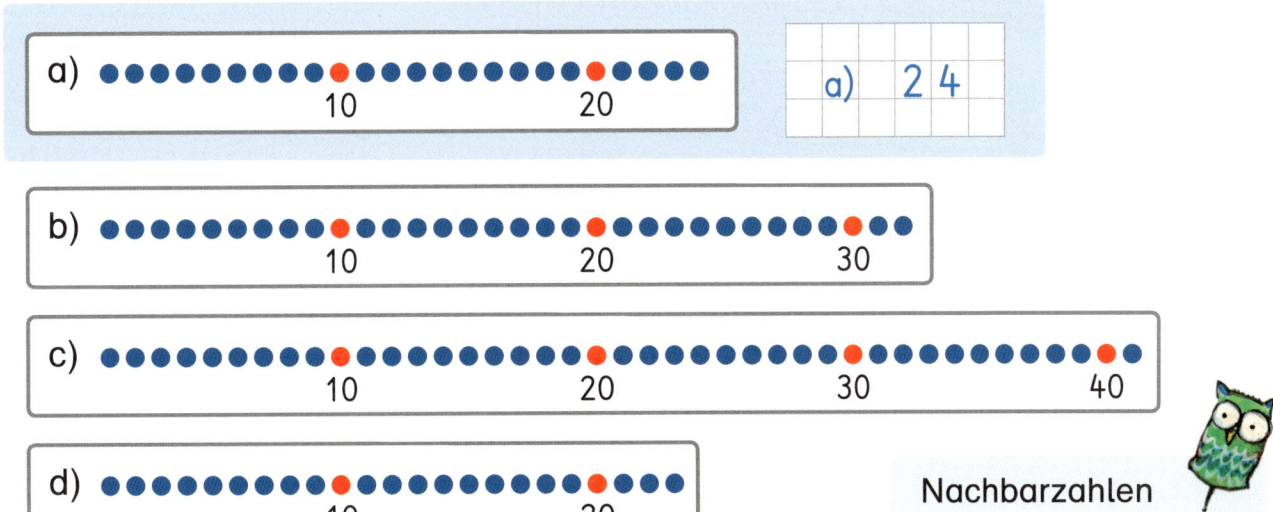

a)   2 4

b)

c)

d)

Nachbarzahlen

2 Nenne die Nachbarzahlen.

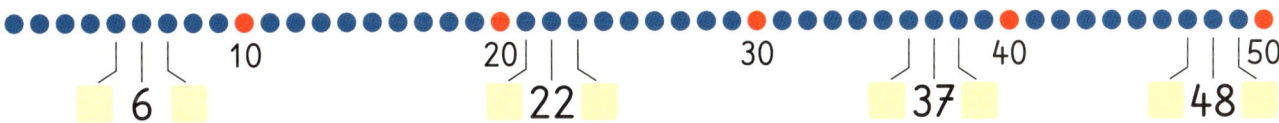

6   22   37   48

3 Nenne die Nachbarzahlen.

| 18 | 50 | 25 | 10 | 37 | 49 |
| 42 | 32 | 19 | 22 | 46 | 30 |

4 Welcher Zehner liegt am nächsten bei der Zahl?

a) 12   b) 19   c) 26   d) 34   e) 47

a)   1 0   12   19   26   34   47

5 Finde die gesuchten Zahlen.

a) Welcher Zehner liegt am nächsten bei der Zahl 18?

b) Welcher Zehner liegt am nächsten bei der Zahl 41?

c) Welcher Zehner liegt am nächsten bei der Zahl 24?

d) Welcher Zehner liegt am nächsten bei der Zahl 48?

e) Welcher Zehner liegt am nächsten bei der Zahl 27?

Zahlenraum 100: Nachbarzahlen, Nachbarzehner

4. Die Hundertertafel

1 Wie heißen die fehlenden Zahlen?

Zahlenstrahl

0   10   ☐   30   40   50   ☐   70   80   ☐   100

2 Wie heißen die markierten Zahlen?

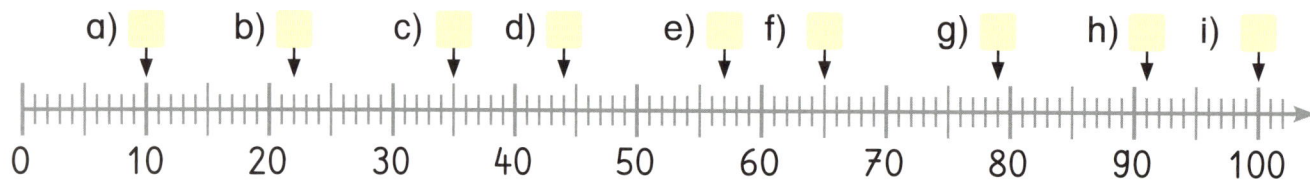

a) ☐   b) ☐   c) ☐   d) ☐   e) ☐   f) ☐   g) ☐   h) ☐   i) ☐

0   10   20   30   40   50   60   70   80   90   100

3 Nenne zu jeder Zahl den Vorgänger.

☐ 26   ☐ 78   ☐ 94   ☐ 100

☐ 80   ☐ 61   ☐ 10   ☐ 65

Vorgänger,
Nachfolger

4 Nenne zu jeder Zahl den Nachfolger.

93 ☐   64 ☐   59 ☐   30 ☐   75 ☐   89 ☐

5 Spiel: Zahlen zeigen.

0   10   20   30   40   50   60   70   80   90   100

67

67 liegt hier.
Vorgänger ist 66,
Nachfolger ist 68.

Bleib in Form!

6 Ergänze die Zahlenmauern.

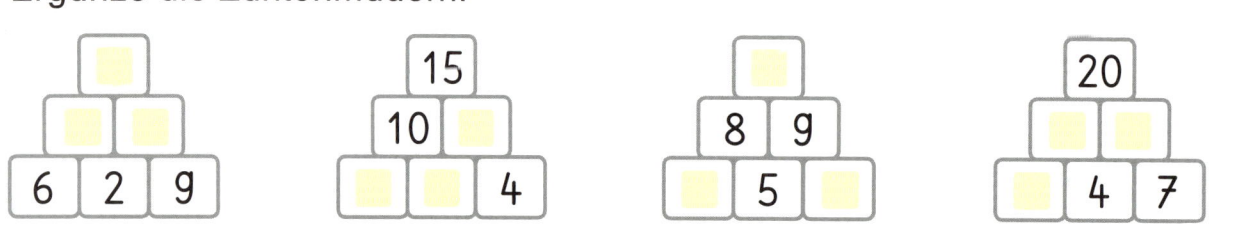

☐
☐ ☐
6 2 9

15
10 ☐
☐ ☐ 4

☐
8 9
☐ 5 ☐

20
☐ ☐
☐ 4 7

4. Die Hundertertafel

1 Setze <, > oder = richtig ein.

> < ist kleiner als,
> = ist gleich,
> > ist größer als

50 ● 57

$$5\,0 < 5\,7$$

40 ● 46   16 ● 9

95 ● 59   78 ● 77   80 ● 69

42 ● 42   35 ● 53   74 ● 74

2 Setze <, > oder = richtig ein.

 20 + 3 ● 32   60 + 7 ● 53   15 − 6 ● 10   20 − 6 ● 10

50 + 8 ● 58   40 + 2 ● 24   14 − 9 ● 5   8 − 8 ● 0

3 Beantworte die Fragen.

a) Nenne 3 Zahlen, die kleiner sind als 50.

b) Nenne 3 Zahlen, die größer sind als 50.

c) Was wollen Nora und Aron sagen? Sprich ihre Sätze fertig.

Je weiter links eine Zahl am Zahlenstrahl steht, desto …

Je weiter rechts …

4 Höre zu und zeige die Zahlen.

Achtundsiebzig.

Eine Zahl, deren Einerziffer und Zehnerziffer gleich sind.

Eine Zahl, die kleiner ist als 50.

Eine Zahl zwischen 35 und 40.

4 4

5. Rechnen bis 100

1 Wie viele Punkte haben die Kinder erreicht?
Jede umgeworfene Dose zählt 10 Punkte.

DOSENWERFEN!
ALLE 10 DOSEN:
100 PUNKTE!

☐ Punkte

☐ Punkte   ☐ Punkte

2 Wie viele Dosen? Wie viele Punkte?

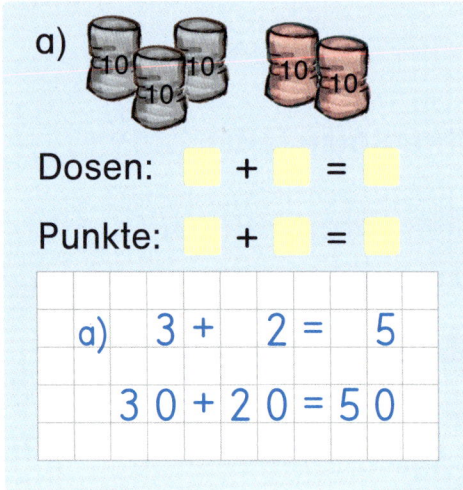

a)

Dosen: ☐ + ☐ = ☐

Punkte: ☐ + ☐ = ☐

a)	3 +	2 =	5
	30 +	20 =	50

b)

c)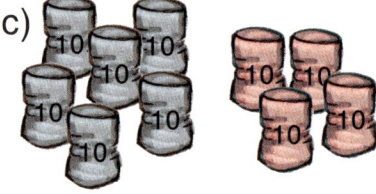

d)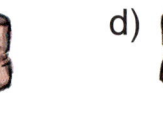

e)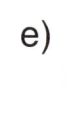

Bleib in Form!

3 Wie heißen die markierten Zahlen?

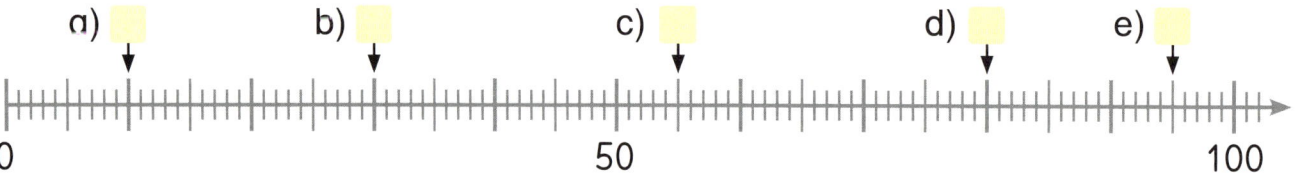

a) ☐   b) ☐   c) ☐   d) ☐   e) ☐

0   50   100

Plusrechnen im Zahlenraum 100: ganze Zehner
1) Abenteuergeschichte ▶ LH

5. Rechnen bis 100

1 Ergänze die Zahlenreihen.
Schreibe sie untereinander in dein Heft.

		1		2		3
1 0		2 0		3 0		

2 Rechne. Was fällt dir auf?

2 + 3 = 5	6 + 1 =	3 + 4 =	4 + 5 =
20 + 30 = 50	60 + 10 =	30 + 40 =	40 + 50 =

3 Rechne. Was fällt dir auf?

6 − 2 = 4	4 − 3 =	8 − 1 =	7 − 5 =
60 − 20 = 40	40 − 30 =	80 − 10 =	70 − 50 =

4 Rechne.

30 + 20 = 50	40 + 10 =	70 − 40 =	100 − 40 =
20 + 10 =	30 + 40 =	20 − 20 =	90 − 60 =
60 + 0 =	70 + 20 =	80 − 70 =	30 − 10 =
40 + 40 =	50 + 20 =	50 − 50 =	80 − 60 =

5 Ergänze die fehlenden Zahlen.

30 + ☐ = 50	20 + ☐ = 80	70 − ☐ = 60	100 − ☐ = 50
60 + ☐ = 60	40 + ☐ = 70	90 − ☐ = 50	30 − ☐ = 0

Plus- und Minusrechnen im Zahlenraum 100: ganze Zehner

5. Rechnen bis 100

1 Rechne.

$60 + 7 = $ ☐

$6\ 0 + 7 = 6\ 7$

$50 + 1 = $ ☐ $30 + 9 = $ ☐ $70 + 2 = $ ☐

$40 + 5 = $ ☐ $90 + 2 = $ ☐ $80 + 5 = $ ☐

$80 + 4 = $ ☐ $50 + 3 = $ ☐ $60 + 8 = $ ☐

2 Zerlege die Zahlen.

$54 = $ ☐ $+$ ☐

$5\ 4 = 5\ 0 + 4$

$25 = $ ☐ $+$ ☐ $94 = $ ☐ $+$ ☐ $42 = $ ☐ $+$ ☐

$39 = $ ☐ $+$ ☐ $58 = $ ☐ $+$ ☐ $91 = $ ☐ $+$ ☐

$51 = $ ☐ $+$ ☐ $83 = $ ☐ $+$ ☐ $64 = $ ☐ $+$ ☐

3 Rechne.

$86 - $ ☐ $= 80$

$8\ 6 - 6 = 8\ 0$

$39 - $ ☐ $= 30$ $58 - $ ☐ $= 50$ $81 - $ ☐ $= $ ☐

$24 - $ ☐ $= 20$ $92 - $ ☐ $= $ ☐ $65 - $ ☐ $= $ ☐

$67 - $ ☐ $= 60$ $43 - $ ☐ $= $ ☐ $34 - $ ☐ $= $ ☐

4 Rechne und ergänze die fehlende Rechnung.

$60 + 2 = $ ☐ $10 + 4 = $ ☐ $99 - 9 = $ ☐ $22 - 2 = $ ☐

$50 + 3 = $ ☐ $30 + 4 = $ ☐ $97 - 7 = $ ☐ $33 - 3 = $ ☐

$40 + 4 = $ ☐ $50 + 4 = $ ☐ $95 - 5 = $ ☐ $44 - 4 = $ ☐

$30 + 5 = $ ☐ $70 + 4 = $ ☐ $93 - 3 = $ ☐ $55 - 5 = $ ☐

☐ $+$ ☐ $= $ ☐   ☐ $+$ ☐ $= $ ☐   ☐ $-$ ☐ $= $ ☐   ☐ $-$ ☐ $= $ ☐

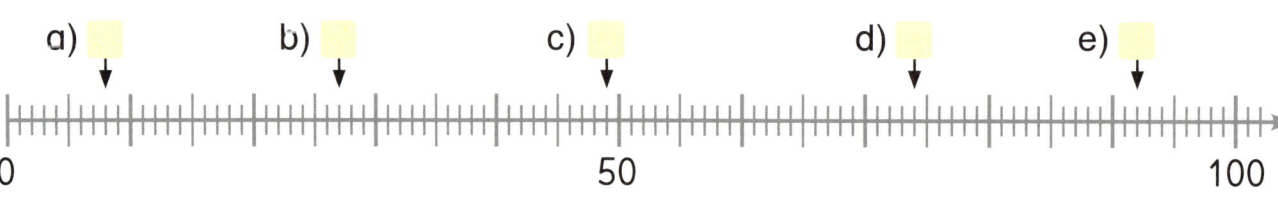

Bleib in Form!

5 Wie heißen die markierten Zahlen?

a) ☐   b) ☐   c) ☐   d) ☐   e) ☐

0   50   100

5. Rechnen bis 100

1   Schreibe die Rechnungen.

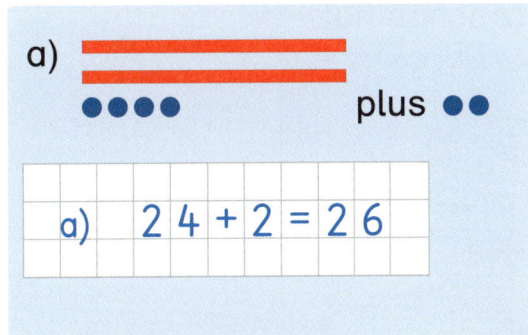

a) | 2 | 4 | + | 2 | = | 2 | 6 |

Ich rechne
4 + 2 = 6.

b)   plus ●●●

c)   ●   plus ●●●●● ●

2   Rechne. Was fällt dir auf?

2 + 3 = 5	4 + 4 =	7 + 2 =	3 + 6 =
12 + 3 = 15	54 + 4 =	37 + 2 =	63 + 6 =
22 + 3 =	84 + 4 =	97 + 2 =	23 + 6 =

3   Schreibe die Rechnungen.

a)   ●●●●⌀⌀ | 3 | 5 | − | 2 | = | 3 | 3 |

b)   ●●⌀⌀⌀ ⌀

d)   ●●●●● ⌀⌀⌀⌀

c)   ●●●●⌀ ⌀⌀⌀⌀

e)   ●⌀⌀⌀⌀ ⌀⌀

4   Rechne. Was fällt dir auf?

5 − 1 = 4	6 − 2 =	9 − 3 =	8 − 7 =
15 − 1 = 14	36 − 2 =	89 − 3 =	48 − 7 =
25 − 1 =	56 − 2 =	69 − 3 =	98 − 7 =

Plus- und Minusrechnen im Zahlenraum 100: Analogieaufgaben

6. Sachrechnen mit Ronni Ratz

1 Welche Zutaten fehlen den Kindern für die Medizin?
Lies das Rezept. Sieh nach, was Ronni Ratz schon hat
und schreibe eine Einkaufsliste.

> Das wird ja scheußlich schmecken!

> Ronni Ratz-Medizin hilft immer!

Rezept:

3 Tuben Senf

8 Äpfel

3 Schokoriegel

4 Bonbons

1 alter Knochen

Einkaufsliste:

2 Tuben Senf

2 Lies das Rezept. Sieh nach, welche Zutaten bereits auf dem Tisch liegen
und schreibe eine Einkaufsliste.

Obstsalat:

8 Bananen

3 Äpfel

1 Schale Erdbeeren

2 Becher Joghurt

Bleib in Form!

3 Setze <, > oder = richtig ein.

53 ◯ 35	90 ◯ 19	29 ◯ 92	87 ◯ 80 + 7
5 3 > 3 5	44 ◯ 60	64 ◯ 46	94 ◯ 40 + 9
	37 ◯ 37	71 ◯ 17	62 ◯ 60 + 6

6. Sachrechnen mit Ronni Ratz

1 Lies das Rezept. Auf dem Tisch liegen schon Zutaten.
Was muss noch gekauft werden?

a)
> **Ronnis Eierspeise**
> Rezept für 4 Personen
>
> 8 Eier
> 5 Tomaten
> 1 Zwiebel
> 12 Scheiben Speck

b)
> **Gemüsesuppe**
> Rezept für 4 Personen
>
> 1 Bund Petersilie
> 12 Karotten
> 5 Kartoffeln
> 1 Zwiebel

2 Lies die Aufgaben und löse sie.

a) In einer Schale liegen 12 Nüsse. Frauke nimmt 3.
Wie viele Nüsse liegen noch in der Schale?

b) Im Kühlschrank sind 6 braune und 12 weiße Eier.
Wie viele Eier sind das?

c) Auf ein Backblech passen 30 Kekse.
Frau Huber hat 2 Bleche voll gebacken. Wie viele Kekse sind das?

d) Im Regal stehen 45 Packungen Mehl. Herr Meier kauft 4 davon.
Wie viele Packungen stehen noch im Regal?

6. Sachrechnen mit Ronni Ratz

1 Beantworte die Fragen.
Wenn man eine Aufgabe
nicht rechnen kann, zeichne ein
⚐ - Symbol zur Aufgabe.

> Zwei Aufgaben sind von mir.
> Finde sie!

a) Nora presst Saft aus 12 Orangen.
Wie viele Gläser stellt sie auf den Tisch?

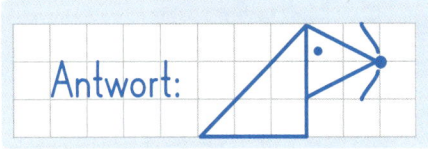

⚐ Diese Aufgaben kann
man nicht lösen.

b) Cedric soll den Tisch für 20 Personen decken.
Er hat nur 12 Teller. Wie viele Teller fehlen ihm?

c) Gianni hat einen Sack mit 35 Zwiebeln gekauft.
Für das Mittagessen hat er 3 davon verwendet.
Wie viele Zwiebeln hat er noch?

d) Linn sitzt mit vier Freundinnen am Tisch und trinkt Tee.
Es kommen noch drei Freunde dazu. Wie viel kostet der Tee?

e) Im Speisesaal stehen zwei Tische. Am großen Tisch haben
40 Leute Platz, am kleinen Tisch 20. Wie viele Leute haben
an den beiden Tischen Platz?

f) Im Regal stehen 17 Gläser Marmelade. Ronni Ratz schleckt
drei davon leer. In wie vielen Gläsern ist dann noch Marmelade?

g) Im Saal stehen 99 Tische. Auf jedem Tisch steht eine Vase.
An jedem Tisch stehen 4 Stühle. Wie alt ist Ronni Ratz?

> **Bleib in Form!**

2 Setze das Muster im Heft fort.

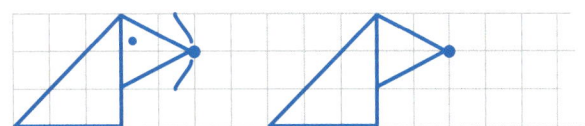
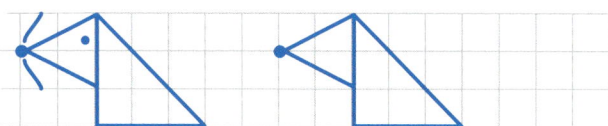

Sachrechnen: unlösbare Aufgaben erkennen

1 Rechne und bilde die Tauschaufgabe.

> Tauschaufgaben sind oft leichter.

6 + 11 = ☐

6 + 1 1 = 1 7
1 1 + 6 = 1 7

2 + 15 = ☐   13 + 6 = ☐
7 + 12 = ☐   5 + 14 = ☐
16 + 4 = ☐   3 + 17 = ☐

2 Rechne und kontrolliere mit der Umkehraufgabe.

14 – 6 = ☐

1 4 – 6 = 8 , weil
8 + 6 = 1 4

11 – 5 = ☐   15 – 8 = ☐   8 – 8 = ☐
16 – 4 = ☐   13 – 9 = ☐   14 – 7 = ☐
10 – 3 = ☐   20 – 5 = ☐   19 – 3 = ☐

3 Drei Zahlen, vier Aufgaben.

a)
5
7
12

5 + 7 = 1 2
7 + 5 = 1 2
1 2 – 5 = 7
1 2 – 7 = 5

b) 11   3   14

d) 16   9   7

c) 13   7   6

e) 20   4   16

4 Ergänze die Zahlenmauern.

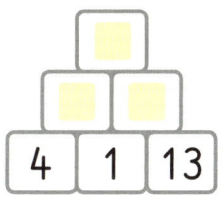
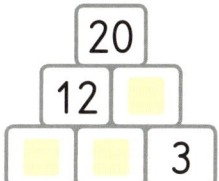
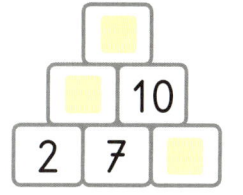
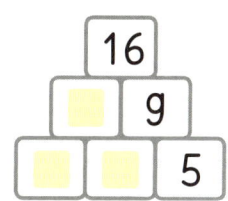
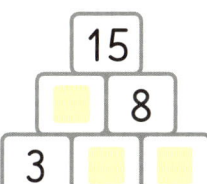
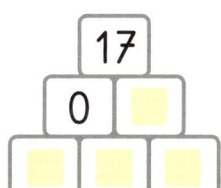
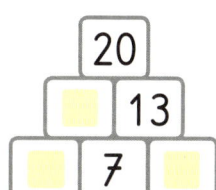

Zahlenmauer 1: Spitze ☐; Mitte ☐ ☐; Basis 4 | 1 | 13

Zahlenmauer 2: Spitze 20; Mitte 12 ☐; Basis ☐ ☐ 3

Zahlenmauer 3: Spitze ☐; Mitte ☐ 10; Basis 2 7 ☐

Zahlenmauer 4: Spitze 16; Mitte ☐ 9; Basis ☐ ☐ 5

Zahlenmauer 5: Spitze 15; Mitte ☐ 8; Basis 3 ☐ ☐

Zahlenmauer 6: Spitze 17; Mitte 0 ☐; Basis ☐ ☐ ☐

Zahlenmauer 7: Spitze 20; Mitte ☐ 13; Basis ☐ 7 ☐

Zahlenmauer 8: Spitze ☐; Mitte 9 11; Basis ☐ 3 ☐

Wiederholung: Tauschaufgaben, Umkehraufgaben, Zahlenmauern

1 Welche Zahlen sind dargestellt?

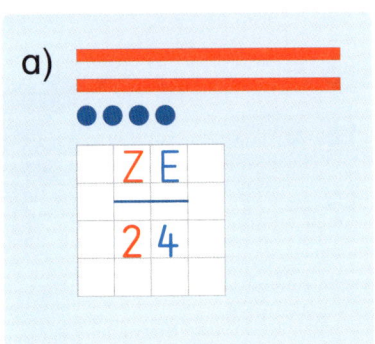

a)

Z	E
2	4

b)

c)

d)

e)

2 Stelle die Zahlen dar.

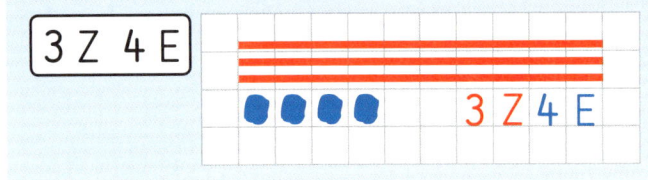

3 Z 4 E   3 Z 4 E

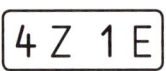

4 Z 1 E   3 Z 6 E

2 Z 5 E   5 Z 7 E

3 Wie heißen die markierten Zahlen?

a)   b)   c)   d)   e)   f)   g)   h)   i)

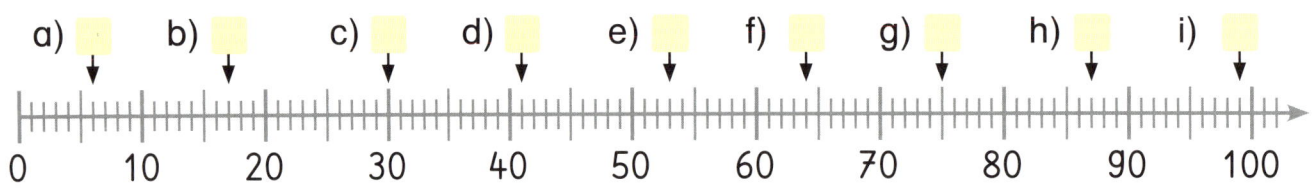

0   10   20   30   40   50   60   70   80   90   100

4 Finde die gesuchten Zahlen.

a) Vorgänger der Zahl 54:

b) Nachfolger der Zahl 84:

c) Nachfolger der Zahl 79:

d) Vorgänger der Zahl 40:

Bleib in Form!

5 Auf einen Blick: Nenne die Zahlen.

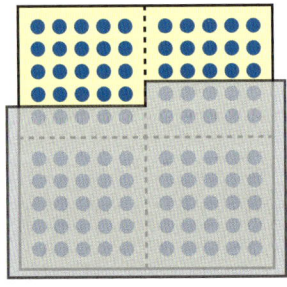 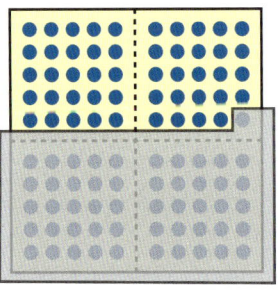 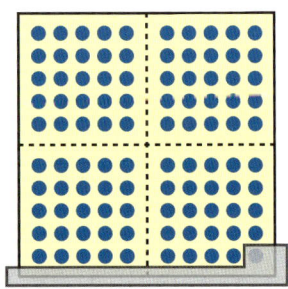 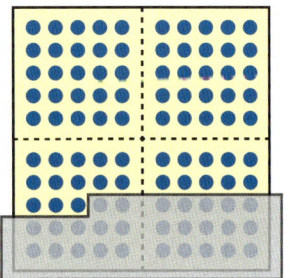

Wiederholung: Zehner, Einer, Zahlenstrahl, Vorgänger, Nachfolger

7. Das kann ich schon!

1 Lege die Figuren mit Pentominos aus.
Zeichne die Lösungen in dein Heft.

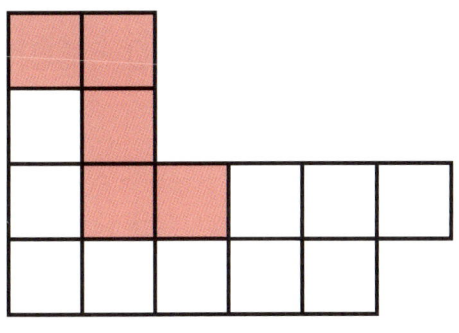 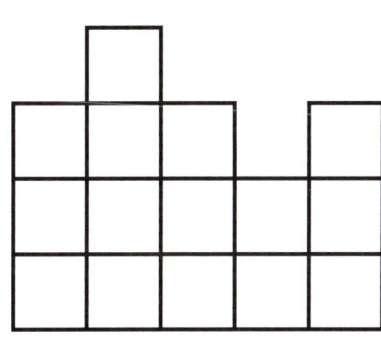 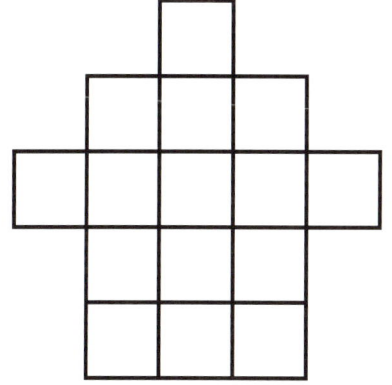

2 Zeichne diese Pentominos und ihre Spiegelbilder in dein Heft.

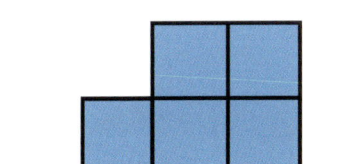 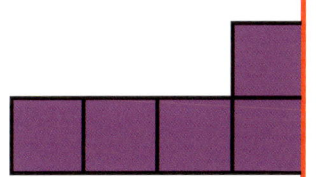 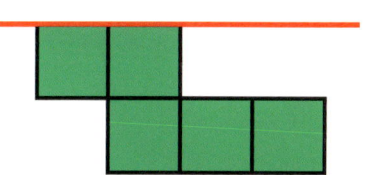

3 Bestimme die Fläche der Figuren.
Welche der Figuren hat die größte Fläche?
Welche die kleinste?

a)
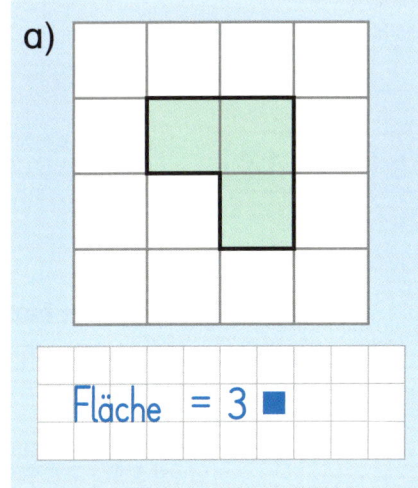

Fläche = 3 ■

b)
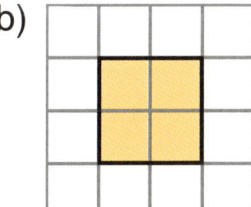

c)
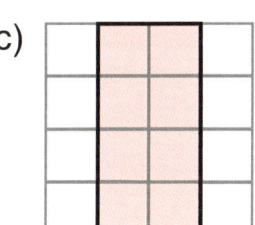

d)
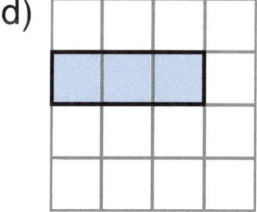

e)
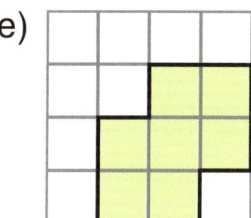

4 Finde drei verschiedene Figuren mit der Fläche von 4 Kästchen
und zeichne sie in dein Heft.

Wiederholung: Raum und Form, Pentominos, Fläche

7. Das kann ich schon!

1 Rechne.

20 + 40 = ☐   50 + 50 = ☐   40 − 10 = ☐   100 − 20 = ☐

70 + 10 = ☐   60 + 30 = ☐   90 − 20 = ☐   70 − 60 = ☐

2 Rechne.

35 + 3 = ☐   71 + 4 = ☐   95 − 4 = ☐   73 − 3 = ☐

62 + 4 = ☐   44 + 3 = ☐   38 − 5 = ☐   59 − 6 = ☐

3 Rechne und ergänze die fehlenden Rechnungen.
Erkläre, wie du die fehlenden Rechnungen gefunden hast.

71 + 3 = ☐   89 + 1 = ☐   92 − 2 = ☐   79 − 8 = ☐

72 + 3 = ☐   87 + 2 = ☐   94 − 2 = ☐   78 − 4 = ☐

73 + 3 = ☐   85 + 3 = ☐   96 − 2 = ☐   77 − 2 = ☐

☐ + ☐ = ☐   ☐ + ☐ = ☐   ☐ − ☐ = ☐   ☐ − ☐ = ☐

4 Finde zu jedem Ergebnis eine Plus- und eine Minusrechnung.

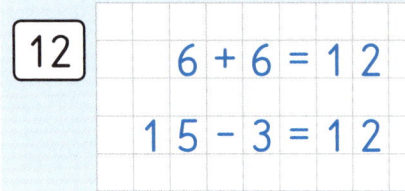

| 12 | 6 + 6 = 1 2 |
| | 1 5 − 3 = 1 2 |

20   60   41   96   53

4   82   35   18   77

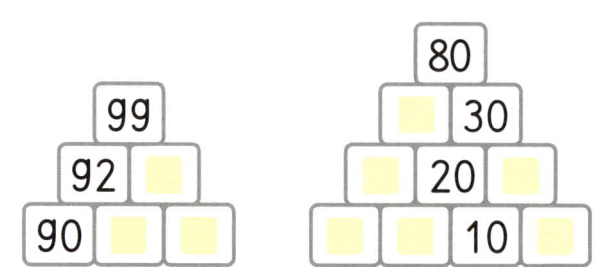

Bleib in Form!

5 Ergänze die Zahlenmauern.

```
        ☐
      ☐   ☐
    30  10  20
```

```
           100
        ☐      60
      20   ☐    ☐
    ☐    10   ☐    ☐
```

```
              ☐
           99   ☐
        92    ☐
      90    ☐
```

```
              80
           ☐    30
         ☐    20
      ☐    ☐    10   ☐
```

Wiederholung: Plus- und Minusrechnen im Zahlenraum 100

1 Lies das Rezept. Auf dem Tisch liegen schon Zutaten.
Was muss noch gekauft werden?

> **Giannis Obstsalat**
> Rezept für 20 Personen
>
> 8 Becher Jogurt
> 10 Äpfel
> 14 Bananen
> 2 Ananas
> 6 Birnen

2 In einer Kiste liegen 32 Äpfel. Daneben liegen noch 6 Äpfel.
Wie viele Äpfel sind das insgesamt?

3 In einem Korb sind 14 Birnen. Edi nimmt 5 Birnen heraus.
Wie viele Birnen sind noch im Korb?

4 ★ In der Klasse sind 24 Kinder. Die Lehrerin gibt jedem Kind einen Apfel.
Sie selbst nimmt auch einen. Am Ende bleiben 4 Äpfel übrig.
Wie viele Äpfel hatte sie am Anfang?

5 Löse die Aufgaben.
Vorsicht, nicht alle Aufgaben kann man lösen!

a) Halit sammelt Spielzeugautos. Er hat schon 54.
Sein Onkel schenkt ihm noch zwei Autos.
Wie viele Autos hat Halit jetzt?

b) Petra hat 14 Teddybären. 6 davon tragen einen Hut.
Wie viele Puppen hat Petra?

c) Aylin hat zwei Puppen mit den Namen Esin und Fatma.
Die Puppe Esin hat 15 € gekostet, Fatma 19 €.
Welche Puppe gefällt Aylin besser?

d) Tarik ordnet seine Bausteine. Er zählt 40 braune und 30 weiße Steine.
Wie viele sind das zusammen?

Wiederholung: Sachrechnen

Knobelaufgabe

★ Überlege, wie du die Knobelaufgabe lösen kannst.
Sprich mit anderen Kindern darüber.

1 Pentominos

a) Welche Pentominos kann man so auf
das Feld legen, dass die abgedeckten
Zahlen 13 ergeben?

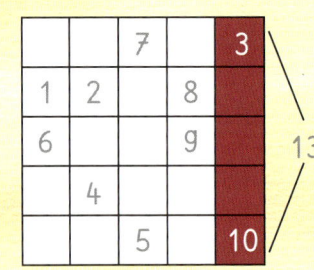

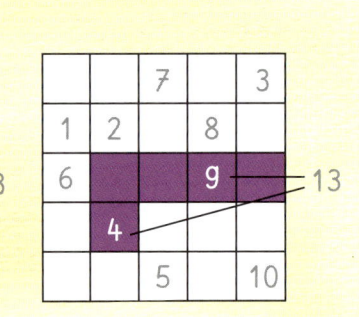

b) Für welche Pentominos findest du mehr als eine Möglichkeit?

c) Spiel: Verflixte 13
Zeichnet ein Feld mit 5 mal 5 Kästchen auf ein Blatt Papier.
Schreibt die Zahlen von 1 bis 10 in beliebige Felder. Legt alle
Pentominos aus der Stanzvorlage auf den Tisch. Nehmt reihum
ein Pentomino und verdeckt damit genau 13 auf dem Feld. Wem
das gelingt, der darf das Pentomino behalten.
Wer am Ende die meisten Pentominos
gesammelt hat, gewinnt.

Goldene Regeln für das
Rätsellösen:

• Wer nichts probiert,
lernt auch nichts.

• Fehler machen ist
strengstens erlaubt.

• Je mehr Ideen es gibt,
desto besser.

8. Rechenwege

1

Die Trolle sammeln Kreiden. Frenn hat schon 18, Bolle hat 7.
Sie können nicht ausrechnen, wie viele Kreiden sie insgesamt haben.
Hilf ihnen. Wie rechnest du?

2 Rechne und kontrolliere selbst die Ergebnisse.
Stelle anderen Kindern deinen Rechenweg vor.
Lass dir von anderen Kindern ihre Rechenwege erklären.

Auf den Seiten 40 und 41 zeigen Aron und Nora wie sie rechnen.

43 + 8 =	29 + 6 =	58 + 4 =
68 + 3 =	37 + 5 =	69 + 5 =
56 + 6 =	19 + 2 =	27 + 7 =
79 + 9 =	68 + 8 =	83 + 9 =

Lösungen: 21 | 34 | 35 | 42 | 51 | 62 | 62 | 71 | 74 | 76 | 88 | 92

Zehnerübergang im Zahlenraum 100: Rechenwege
1) Abenteuergeschichte ▶ LH
2) Die Kinder lösen die Rechnungen und korrigieren selbst die Ergebnisse.

39

8. Rechenwege

1 Beschreibe, wie Aron die Aufgabe löst.

27 + 5 = ☐

Ich arbeite mit Legematerial. Und zwar …

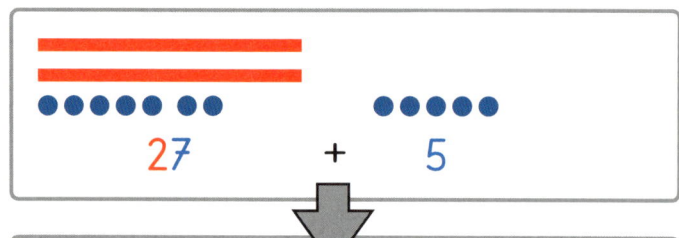

27   +   5

7 + 5 = 12

20 + 12 = 32

2 Rechne wie Aron.

67 + 4

7 + 4 = 1 1
6 0 + 1 1 = 7 1

46 + 8   36 + 7   57 + 7

88 + 5   85 + 7   63 + 8

75 + 8   48 + 6   35 + 6

3 Rechne.

8 + 8 = ☐   9 + 9 = ☐   8 + 7 = ☐   5 + 9 = ☐   6 + 9 = ☐

38 + 8 = ☐   79 + 9 = ☐   68 + 7 = ☐   45 + 9 = ☐   26 + 9 = ☐

4 Rechne.

27 + 5 = ☐   49 + 3 = ☐   38 + 6 = ☐   75 + 9 = ☐   66 + 6 = ☐

84 + 8 = ☐   76 + 7 = ☐   65 + 9 = ☐   53 + 8 = ☐   39 + 8 = ☐

Bleib in Form!

5 Ergänze auf den nächsten Zehner.

17 + 3 = 20   28 + ☐ = ☐   63 + ☐ = ☐   85 + ☐ = ☐

68 + ☐ = ☐   59 + ☐ = ☐   32 + ☐ = ☐   27 + ☐ = ☐

35 + ☐ = ☐   41 + ☐ = ☐   26 + ☐ = ☐   52 + ☐ = ☐

Zehnerübergang im Zahlenraum 100: Rechenwege

8. Rechenwege

1 Nora rechnet anders. Beschreibe, wie sie die Aufgabe löst.

$$27 + 5 = \square$$

Ich rechne zuerst …

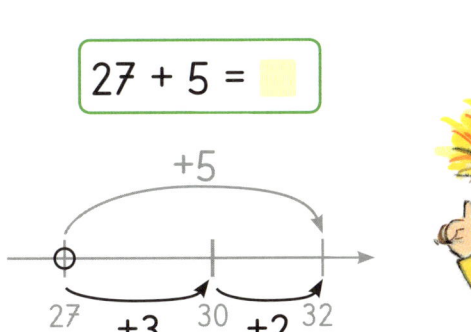

$$27 + 5 = 32$$
$$\overset{\diagdown}{3} \quad \overset{\diagup}{2}$$

2 Rechne wie Nora.

28 + 2 = 30	57 + 3 = ☐	64 + 6 = ☐	36 + 4 = ☐	25 + 5 = ☐
28 + 3 = ☐	57 + 5 = ☐	64 + 9 = ☐	36 + 6 = ☐	25 + 8 = ☐
43 + 7 = ☐	27 + 3 = ☐	88 + 2 = ☐	69 + 1 = ☐	46 + 4 = ☐
43 + 9 = ☐	27 + 4 = ☐	88 + 7 = ☐	69 + 5 = ☐	46 + 5 = ☐

3 Schreibe die Rechnungen in dein Heft.

4 Finde Rechnungen.

a) Finde drei Plusrechnungen, die 35 ergeben.

b) Finde drei Plusrechnungen, die 80 ergeben.

c) Finde drei Plusrechnungen, die 61 ergeben.

d) Finde drei Plusrechnungen, die 72 ergeben.

$$a) \; 28 + 7 = 35$$
$$33 + 2 = 35$$
$$29 + 6 = 35$$

8. Rechenwege

1 Rechne und stelle deinen Rechenweg einem anderen Kind vor.

62 − 4 =	24 − 5 =	57 − 9 =
33 − 7 =	75 − 8 =	32 − 5 =
90 − 5 =	61 − 7 =	40 − 3 =
81 − 4 =	46 − 7 =	62 − 6 =

Diese Aufgaben kann man auf verschiedene Arten rechnen.

Lösungen: 19 26 27 37 39 48 54 56 58 67 77 85

2 Beschreibe, wie Nora die Aufgabe löst.

32 − 5 =

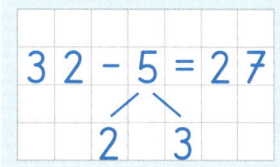

3 2 − 5 = 2 7
     2   3

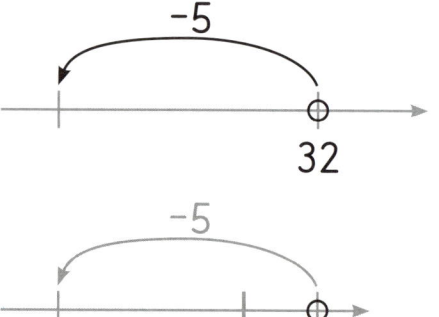

3 Rechne wie Nora.

23 − 3 =	52 − 2 =	64 − 4 =	31 − 1 =	56 − 6 =
23 − 4 =	52 − 4 =	64 − 5 =	31 − 4 =	56 − 8 =
72 − 2 =	35 − 5 =	83 − 3 =	44 − 4 =	95 − 5 =
72 − 4 =	35 − 6 =	83 − 6 =	44 − 6 =	95 − 8 =

Bleib in Form!

4 Wie groß ist die Fläche dieser Figuren?
Welche Figur hat die größte Fläche?

a)
b)
c)
d)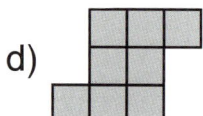
e)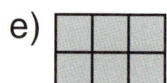

Zehnerübergang im Zahlenraum 100: Rechenwege

8. Rechenwege

1 Löse die Minusrechnungen.

43 − 5 = ☐   32 − 7 = ☐   44 − 7 = ☐   91 − 4 = ☐

62 − 3 = ☐   55 − 6 = ☐   63 − 4 = ☐   70 − 6 = ☐

87 − 9 = ☐   92 − 5 = ☐   25 − 9 = ☐   36 − 7 = ☐

32 − 3 = ☐   54 − 7 = ☐   83 − 4 = ☐   95 − 9 = ☐

2 Finde Rechnungen und schreibe sie in dein Heft.

3 Finde die falschen Rechnungen. Schreibe sie richtig in dein Heft.

85 − 7 = 76 f   81 − 4 = 41   34 − 5 = 29   75 − 9 = 66

41 − 4 = 37   32 − 6 = 26   53 − 6 = 59   75 − 7 = 58

64 − 8 = 58   15 − 8 = 7   81 − 4 = 77   92 − 6 = 86

16 − 7 = 9   21 − 8 = 13   50 − 6 = 54   42 − 6 = 48

4 Finde Rechnungen.

a) Finde drei Minusrechnungen, die 18 ergeben.

b) Finde drei Minusrechnungen, die 49 ergeben.

c) Finde drei Minusrechnungen, die 85 ergeben.

d) Finde drei Minusrechnungen, die 37 ergeben.

a) 2 0	− 2	= 1 8
2 5	− 7	= 1 8
2 2	− 4	= 1 8

Zehnerübergang im Zahlenraum 100: Rechenwege
3) Die Kinder markieren falsche Rechnungen mit einem f.

43

8. Rechenwege

1

EULE

0
4
7
9
15
16
20
23
26
31
32
37
...

KUCKUCK

0
2
3
9
14
18
21
27
33
35
40
43
...

Spiel: Von 0 auf 100
Spielt zu zweit. Beginnt mit der Zahl 0.
Würfelt abwechselnd. Jedes Kind rechnet
die gewürfelten Punkte zu seiner Zahl dazu.
Die neue Zahl wird aufgeschrieben.
Wer zuerst genau 100 erreicht, gewinnt.

Spiel: Von 100 auf 0
Spielt zu zweit. Beginnt mit der Zahl 100.
Würfelt abwechselnd. Jedes Kind zieht die
gewürfelten Punkte von seiner Zahl ab. Die
neue Zahl wird aufgeschrieben. Wer zuerst
genau 0 erreicht, gewinnt.

Bleib in Form!

2 Setze die Muster im Heft fort.

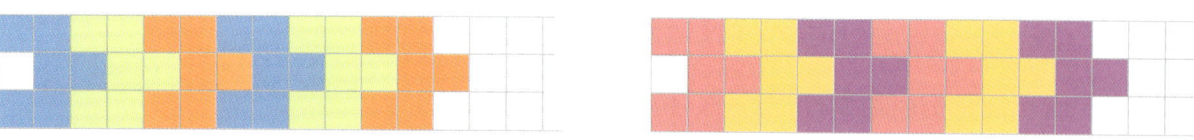

Zehnerübergang im Zahlenraum 100

44

8. Rechenwege

1 Lies die Geschichten. Finde passende Rechnungen und schreibe sie mit kurzen Antworten in dein Heft.

a) Pascals Puzzle hat 63 Teile.
Lisas Puzzle hat 7 Teile weniger.
Wie viele Teile hat Lisas Puzzle?

> R: 6 3 − 7 = 5 6
>
> A: Lisas Puzzle hat 56 Teile.

b) Susis Puzzle hat 45 Teile.
Susi hat erst 8 Teile zusammengesetzt.
Wie viele Teile fehlen noch?

c) Nevin will ein Puzzle mit 100 Teilen legen.
Beim Zusammenbauen merkt er, dass 7 Teile fehlen.
Wie viele Teile hat das Puzzle nur noch?

d) Hanna kauft ein Puzzle mit 49 Teilen. Sie bezahlt dafür 9 Euro.
Wie viel Geld hat Hanna noch?

e) Katjas Puzzle hat 48 Teile, das sind 8 Teile weniger als bei Simons Puzzle.
Wie viele Teile hat Simons Puzzle?

f) Ronnis Puzzle hat 12 Teile. Er hat schon 13 zusammengebaut.
Wie viele Teile fehlen noch?

g) Katalin sieht schlecht.
Anton hilft ihr beim Zusammensetzen eines Puzzles.
Er hat 18 Teile zusammengebaut, Katalin 9.
Wie viele Puzzleteile haben sie insgesamt gelegt?

2 Helga und Mario bauen gemeinsam ein Puzzle.
Das Puzzle hat 100 Teile.
Helga hat schon 35 Teile zusammengebaut, Mario erst 29.
Finde zwei Aufgaben und löse sie.

3 Erfinde Rechengeschichten zu diesen Antworten.

⭐ a) Es sind 15 Puzzleteile.

b) Er hat 8 Teile verloren.

Sachrechnen
1) Die Kinder schreiben R: für Rechnung und A: für Antwort.

45

9. Malrechnen

1 Welche Rechnung passt zu welchem Kind?

> Ich bin jetzt 3 mal gegangen.

> Ich habe immer 3 Schachteln geholt.

LAGERRAUM

2 Auf einem Tisch steht eine Kiste mit Holzwürfeln.
Hole Würfel und schreibe die passenden Rechnungen.

Malnehmen

a) Gehe 4 mal.
   Hole immer 3 Würfel.

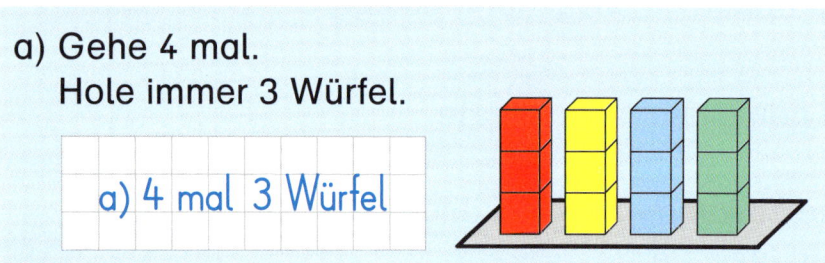

   a) 4 mal 3 Würfel

d) Gehe 2 mal.
   Hole immer 12 Würfel.

e) Gehe 4 mal.
   Hole immer 4 Würfel.

b) Gehe 5 mal.
   Hole immer 2 Würfel.

c) Gehe 3 mal.
   Hole immer 6 Würfel.

f) Gehe 2 mal.
   Hole immer 7 Würfel.

Bleib in Form!

3 Nenne die Nachbarzahlen.

15   20   43   69   80

Malrechnen: Mengen vervielfachen, Malnehmen
1) Abenteuergeschichte ▶ LH
2) Die Kinder nehmen jeweils eine bestimmte Menge von Holzwürfeln aus einer Kiste und gehen damit auf ihren Platz. Sie zählen mit, wie viel Mal sie gegangen sind und schreiben die Rechnung.
Dann legen sie alle Würfel wieder zurück.

9. Malrechnen

1 Finde zu jedem Bild eine Malrechnung.

a)
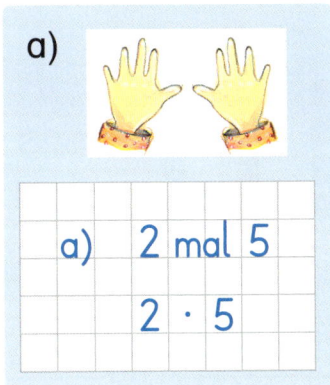

a) 2 mal 5
    2 · 5

b)

2 mal 5
2 · 5
↑
Malpunkt

c)

d)
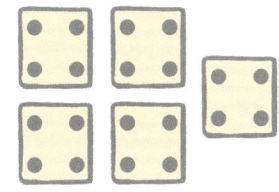

2 Finde Malrechnungen zu diesen Würfelbildern.

a)
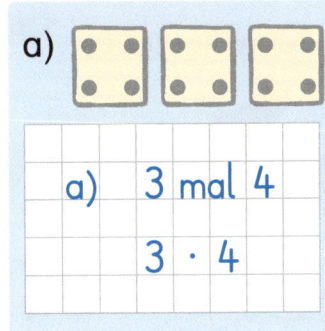

a) 3 mal 4
    3 · 4

b)

c)

d)
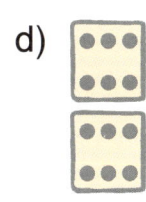

3 Zu welchen Bildern gibt es passende Malrechnungen?

a)
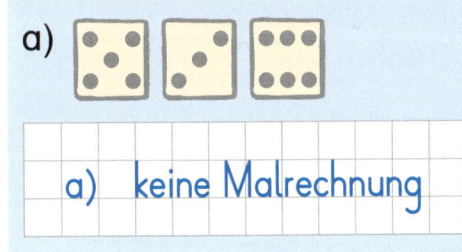

a) keine Malrechnung

b)

c)

d)

e)

f)

g)

4 Finde Malrechnungen zu diesen Fotos.
Finde weitere Malrechnungen in deiner Umwelt.

Malrechnen: Einführung Malpunkt, Malaufgaben in der Umwelt
3) Wenn es eine passende Malrechnung gibt, wird sie aufgeschrieben.

9. Malrechnen

1 Lege, zeichne und schreibe die Rechnung. Vergleiche mit anderen Kindern.

3 mal 4

Simon 3 · 4

3 · 4 Lisa

3 · 4 Gerd

| 2 mal 3 | 4 mal 5 | 3 mal 6 | 4 mal 4 | 5 mal 2 | 3 mal 3 |

2 Schreibe immer zwei Malrechnungen.

a)

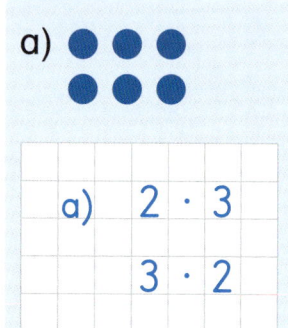

a) 2 · 3
3 · 2

2 mal 3 oder 3 mal 2,
je nachdem, wie man es sieht …

Tauschaufgabe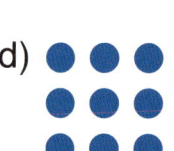

b)

c)

d)

3 Wie viele Punkte?
Schreibe zu jedem Bild eine Plus- und eine Malrechnung.

a)

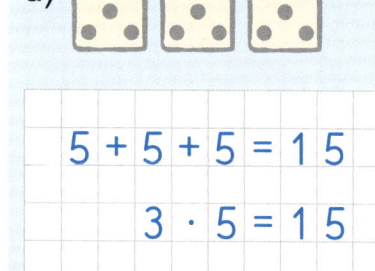

5 + 5 + 5 = 1 5
3 · 5 = 1 5

b)

c)

d)

e)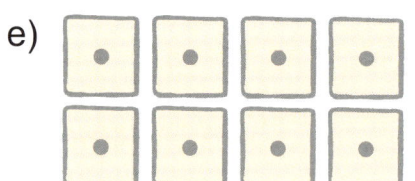

Bleib in Form!

4 Setze <, > oder = richtig ein.

15 ◯ 51   42 ◯ 39   20 + 7 ◯ 25   72 − 8 ◯ 65

Malrechnen: grafische Anordnungen, Tauschaufgaben, Zusammenhang Addition und Multiplikation
3) Das Ergebnis der Malrechnung wird durch mehrfache Addition berechnet.

9. Malrechnen

1 Wie viel Euro sind das? Schreibe Malrechnungen.

a)
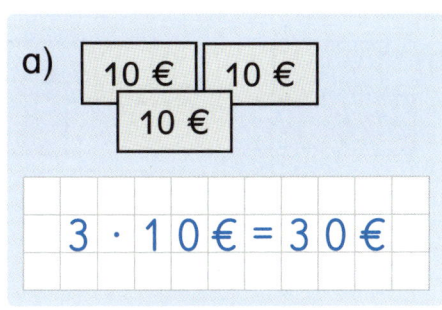

$3 \cdot 10 € = 30 €$

> 3 Zehner sind 30,
> 4 Zehner sind 40,
> 5 Zehner …

d)
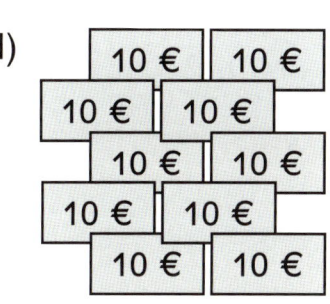

b)
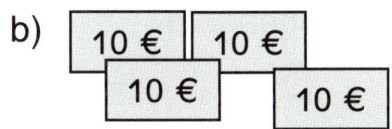

c)
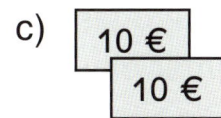

e)
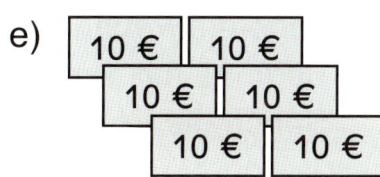

2 Zeichne einen Rechenstrich und löse die Rechnung.

Rechenstrich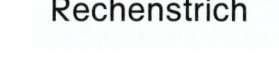

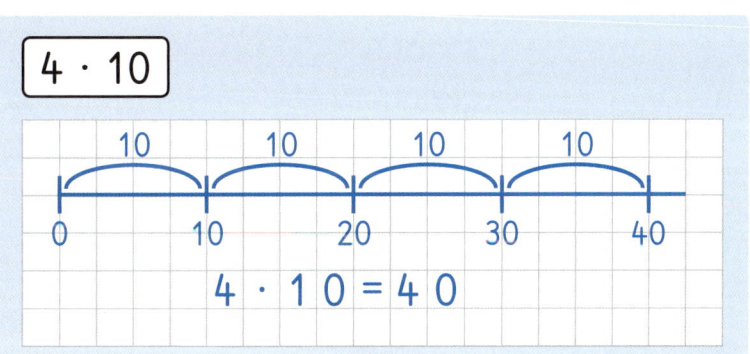

$4 \cdot 10$

$4 \cdot 10 = 40$

$2 \cdot 10$	$6 \cdot 10$
$5 \cdot 10$	$3 \cdot 10$
$1 \cdot 10$	$7 \cdot 10$

3 Rechne. Was fällt dir auf?

$7 \cdot 10 = $ ☐

$7 \cdot 10 = 70$

$3 \cdot 10 = $ ☐ $2 \cdot 10 = $ ☐

$5 \cdot 10 = $ ☐ $7 \cdot 10 = $ ☐

$9 \cdot 10 = $ ☐ $8 \cdot 10 = $ ☐

$10 \cdot 10 = $ ☐ $4 \cdot 10 = $ ☐

> Bei **mal 10** werden die Einer zu Zehnern. Aus 3 wird <u>3</u>0, aus 7 wird <u>7</u>0, …

4 Bilde Malrechnungen mit 10.

$60 = $ ☐ $\cdot 10$ $90 = $ ☐ $\cdot 10$ $50 = $ ☐ $\cdot 10$ $30 = $ ☐ $\cdot 10$

$20 = $ ☐ $\cdot 10$ $40 = $ ☐ $\cdot 10$ $80 = $ ☐ $\cdot 10$ $100 = $ ☐ $\cdot 10$

Malrechnen: 10er-Reihe

9. Malrechnen

1 Wie viel Euro sind das? Schreibe Malrechnungen.

a)
5 €   5 €
5 €

$3 \cdot 5\,€ = 15\,€$

5 + 5 + 5

b)
5 €
5 €
5 €
5 €

c)
5 €
5 €

2 Lege die Rechnungen von 1 mal 5 bis 10 mal 5 mit Rechengeld.
Beginne mit 1 mal 5. Lege immer einen 5-€-Schein dazu.
Sprich die Rechnungen laut.

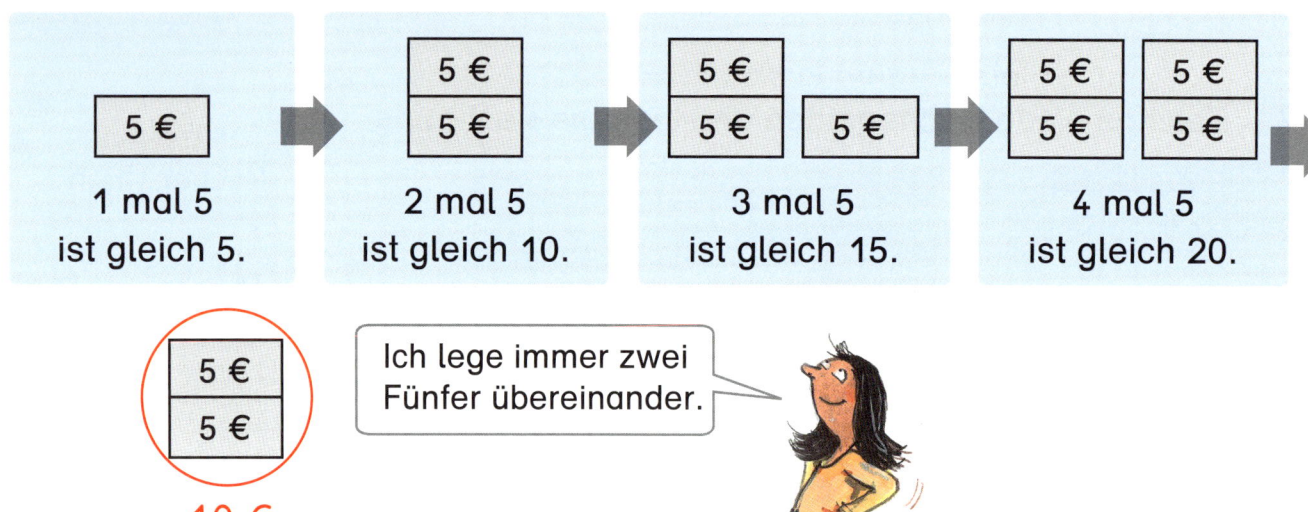

5 €

1 mal 5
ist gleich 5.

5 €
5 €

2 mal 5
ist gleich 10.

5 €
5 €　5 €

3 mal 5
ist gleich 15.

5 €　5 €
5 €　5 €

4 mal 5
ist gleich 20.

5 €
5 €

10 €

Ich lege immer zwei
Fünfer übereinander.

3 Zähle vorwärts und rückwärts, zuerst in 10er-Schritten,
dann in 5er-Schritten. Was fällt dir auf?

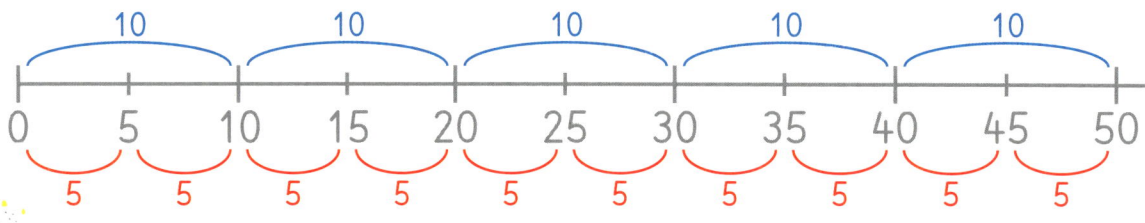

Bleib in Form!

4 Ordne die Geldscheine vom kleinsten bis zum größten.

Malrechnen: 5er-Reihe

9. Malrechnen

1 Löse die Aufgaben mit Malrechnungen.

a) Eine Packung Spielkarten kostet 5 €.
Wie viel kosten 3 Packungen?

R: 3 · 5 = 1 5

A: Drei Packungen kosten 15 €.

b) Frau Berger kauft sieben Trinkgläser.
Ein Glas kostet 5 €.
Wie viel bezahlt Frau Berger?

c) Ein Spielzeugauto kostet 10 €.
Radan kauft vier Stück. Wie viel
kosten diese Autos insgesamt?

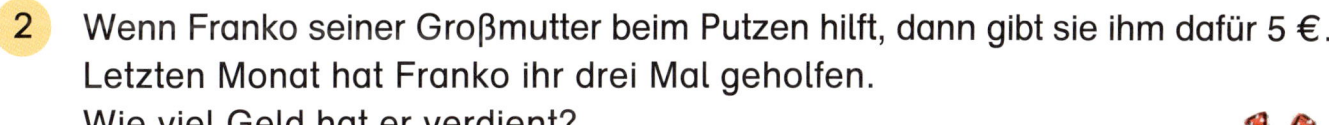

2 Wenn Franko seiner Großmutter beim Putzen hilft, dann gibt sie ihm dafür 5 €.
Letzten Monat hat Franko ihr drei Mal geholfen.
Wie viel Geld hat er verdient?

3 Rita hat einen Turm gebaut.

a) Aus wie vielen Würfeln besteht der Turm?

b) Wie viele Würfel braucht Rita,
wenn sie sieben Türme bauen will?

c) Baue selbst drei solcher Türme.
Wie viele Würfel brauchst du dafür?

4 Rechen – Rap
Übe die 5er-Reihe mit Musik.

CD1-12

1 mal 5 gleich wie viel?

2 mal 5 gleich wie viel?

1 mal 5 gleich 5.

2 mal 5 gleich 10.

Malrechnen: Sachaufgaben
4) Der Rechen-Rap auf der Audio-CD ermöglicht ein rhythmisches Üben zur Automatisierung der Malreihen. ▶ AUDIO-CD

10. Das Doppelte

1 Wie viel müssen die Kinder bezahlen?
Finde eine Malrechnung zu jedem Kind.

0 mal,
1 mal

Wie oft seid ihr gefahren?

Also 0 mal.

Gar nicht.

3 mal.

1 mal.

Cedric

2 mal.

4 mal.

RODELBAHN eine Fahrt 5€

Philipp

Linn

Aron

Nora

Philipp: ☐ · 5 = ☐   Linn: ☐ · 5 = ☐   Cedric: ☐ · 5 = ☐

Aron: ☐ · 5 = ☐   Nora: ☐ · 5 = ☐

Der Inspektor rechnet $10 \cdot 5 =$ ☐ . Was sagt das Ergebnis aus?

2 Malrechnen mit 0. Was fällt dir auf?

$0 \cdot 2 =$ ☐ $0 \cdot 5 =$ ☐ $10 \cdot 0 =$ ☐ $0 \cdot 15 =$ ☐

$2 \cdot 0 =$ ☐ $5 \cdot 0 =$ ☐ $0 \cdot 10 =$ ☐ $15 \cdot 0 =$ ☐

3 Malrechnen mit 1. Was fällt dir auf?

$1 \cdot 5 =$ ☐ $1 \cdot 2 =$ ☐ $1 \cdot 10 =$ ☐ $1 \cdot 27 =$ ☐

$5 \cdot 1 =$ ☐ $2 \cdot 1 =$ ☐ $10 \cdot 1 =$ ☐ $27 \cdot 1 =$ ☐

Bleib in Form!

4 Rechne Plus und Minus mit 0. Was fällt dir auf?

$15 + 0 =$ ☐ $0 + 24 =$ ☐ $65 - 0 =$ ☐ $100 - 0 =$ ☐

10. Das Doppelte

1 Finde Malrechnungen und löse sie.

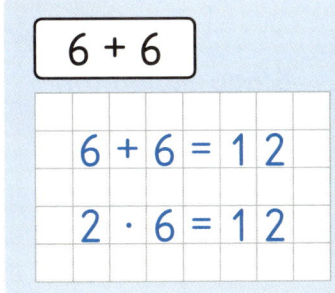

$6 + 6 = 12$
$2 \cdot 6 = 12$

| 5 + 5 | 2 + 2 | 10 + 10 |

| 8 + 8 | 7 + 7 | 30 + 30 |

| 1 + 1 | 9 + 9 | 24 + 24 |

2 mal,
doppelt,
das Doppelte

2 Finde die fehlenden Zahlen.

Zahl	4	6	▨	7	0	▨	1	10
das Doppelte	▨	▨	10	▨	▨	16	▨	▨

3 Berechne das Doppelte.

$2 \cdot 1 = $ ▨ $2 \cdot 2 = $ ▨ $2 \cdot 3 = $ ▨ $2 \cdot 4 = $ ▨ $2 \cdot 5 = $ ▨

4 Rechne mit Klappkarten. Was fällt dir auf?

$2 \cdot 5 = $ ▨   zuklappen

aufklappen $2 \cdot 6 = $ ▨

Wo entdeckst du die Rechnung **2 mal 5**?

5 Punkte oben, 5 Punkte unten.

Wo entdeckst du die Rechnung **2 mal 6**? Was hat sich zur Rechnung **2 mal 5** verändert?

Übe auch mit diesen Klappkarten.

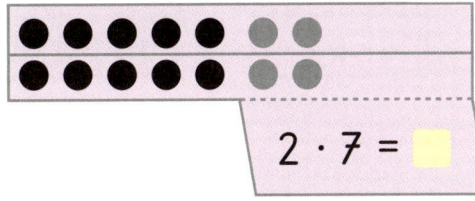

$2 \cdot 7 = $ ▨

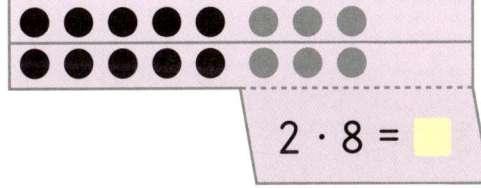

$2 \cdot 8 = $ ▨

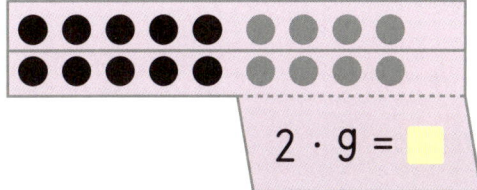

$2 \cdot 9 = $ ▨

10. Das Doppelte

1 **Malreihen-Bingo!**

Vorbereitung:

· **Jedes Kind** zeichnet einen Bingo-Spielplan mit 3 Reihen und 3 Spalten.

· **Der Spielleiter** braucht Zahlenkarten von 0 bis 10. Sie werden gemischt und als Stapel verdeckt auf den Tisch gelegt.

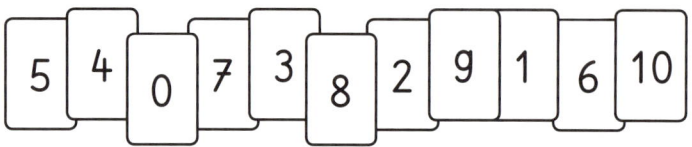

Bingo-Spielplan

---

1. Bingo-Spielplan ausfüllen

Suche dir neun Zahlen der 2er-Reihe aus und schreibe sie in die Felder deines Bingo-Spielplans. Du darfst jede Zahl nur einmal schreiben.

Tamara

2	8	20
10	0	14
16	6	4

Otto

12	8	4
14	6	2
0	10	18

2. Bingo-Zahlen werden ermittelt

Der Spielleiter hebt eine Zahlenkarte vom Stapel ab.
Wenn die Karte zum Beispiel 5 zeigt, dann rechne 5 · 2 = 10.
Wenn die Zahl 10 auf deinem Plan steht, dann kannst du sie einkreisen.

5 · 2

Tamara

2	8	20
(10)	0	14
16	6	4

Otto

12	8	4
14	6	2
0	(10)	18

---

3. Bingo!

Wer zuerst drei Zahlen in einer Reihe eingekreist hat, ruft „Bingo!" und gewinnt.

Tamara **Bingo!**

2	(8)	20
(10)	(0)	(14)
16	6	4

Otto

12	(8)	4
(14)	6	2
(0)	(10)	18

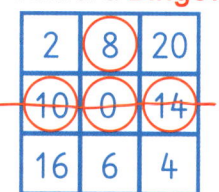

Bleib in Form!

2 Rechne.

$3 + 4 = \square$ $5 + 3 = \square$ $9 - 3 = \square$ $10 - 8 = \square$

$30 + 40 = \square$ $50 + 30 = \square$ $90 - 30 = \square$ $100 - 80 = \square$

Malrechnen: Automatisierung von Reihen
1) Beim Bingo gelten waagrechte, senkrechte und diagonale Reihen als richtige Lösungen.

11. Die Hälfte

1 Warum können die Trolle ihre 11 Münzen nicht gerecht teilen?

Du willst mich wieder reinlegen!

2 Gerade oder ungerade?
Nehmt eine Menge von Plättchen. Verteilt sie gerecht.
Wenn kein Plättchen übrig bleibt, ist die Zahl gerade,
sonst ist sie ungerade.

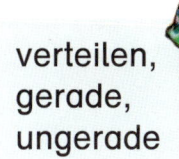

verteilen,
gerade,
ungerade

a) 4 Plättchen

b) 7 Plättchen

c) 10 Plättchen

d) 14 Plättchen

e) 23 Plättchen

f) 26 Plättchen

g) 19 Plättchen

3 Zwei Kinder wollen Münzen gerecht verteilen. Stelle fest, ob die Anzahl ihrer
Münzen gerade oder ungerade ist. Lege, zeichne und rechne.

a) Zwei Kinder teilen 6 Münzen.

b) Zwei Kinder teilen 3 Münzen.

c) Zwei Kinder teilen 8 Münzen.

d) Zwei Kinder teilen 9 Münzen.

e) Zwei Kinder teilen 10 Münzen.

f) Zwei Kinder teilen 15 Münzen.

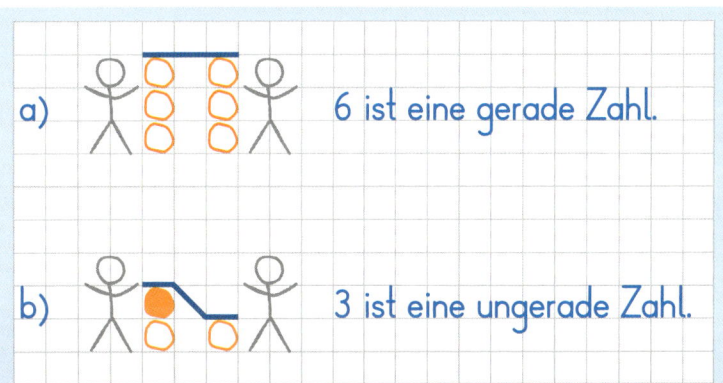

a) 6 ist eine gerade Zahl.

b) 3 ist eine ungerade Zahl.

11. Die Hälfte

1 Spielt zu zweit.

Gerade oder ungerade?

Ein Kind wählt gerade, das andere ungerade. Dann zeigen die Kinder gleichzeitig eine Zahl mit den Fingern. Sie rechnen ihre Zahlen zusammen. Das Ergebnis entscheidet, wer gewonnen hat.

2 Höre zu und zeige die Zahlen mit Zahlenkarten.

> Eine **ungerade** Zahl, die kleiner ist als 5.

> Eine **gerade** Zahl, die größer ist als 10.

> Eine **gerade** Zahl aus der 5er-Reihe. Sie ist kleiner als 20.

1 0

3 Tom und Nina teilen Plättchen.
Jeder bekommt die Hälfte.
Lege, zeichne und gib die Hälfte an.

die Hälfte, halbieren

a) 4 Plättchen

Die Hälfte von 4 ist 2.

b) 6 Plättchen

c) 10 Plättchen

d) 8 Plättchen

e) 14 Plättchen

f) 12 Plättchen

g) 20 Plättchen

h) 2 Plättchen

i) 16 Plättchen

Bleib in Form!

4 Bilde Malrechnungen mit 2.

$4 = \boxed{} \cdot 2$ $20 = \boxed{} \cdot 2$ $10 = \boxed{} \cdot 2$ $2 = \boxed{} \cdot 2$

$6 = \boxed{} \cdot 2$ $18 = \boxed{} \cdot 2$ $12 = \boxed{} \cdot 2$ $0 = \boxed{} \cdot 2$

11. Die Hälfte

1 Rechne und bilde die Umkehraufgabe.

Umkehraufgabe

6 : 2 = ☐ , weil ☐ · ☐ = 6

6 : 2 = 3, weil 3 · 2 = 6

10 : 2 = ☐ , weil ☐ · ☐ = 10

8 : 2 = ☐ , weil ☐ · ☐ = 8

18 : 2 = ☐ , weil ☐ · ☐ = 18

12 : 2 = ☐ , weil ☐ · ☐ = 12

20 : 2 = ☐ , weil ☐ · ☐ = 20

Ich sehe
6 : 2 = 3

Stimmt, weil
2 · 3 = 6

14 : 2 = ☐ , weil ☐ · ☐ = 14

16 : 2 = ☐ , weil ☐ · ☐ = 16

4 : 2 = ☐ , weil ☐ · ☐ = 4

2 Schreibe zu jedem Bild zwei Rechnungen.

a)
·5
4
:5

4 · 5 = 20

20 : 5 = 4

b)
·5
2
:5

c)
·10
8
:10

d)
·2
7
:2

e)
·5
9
:5

f)
·10
6
:10

g)
·5
3
:5

3 Drei Zahlen, vier Aufgaben.

a)
6
5
30

6 · 5 = 30

5 · 6 = 30

30 : 5 = 6

30 : 6 = 5

b)
7   2   14

c)
8   10   80

d)
9   5   45

e)
2   6   12

Malrechnen: Zusammenhang zwischen Malnehmen und Verteilen, Umkehraufgaben
3) Die Kinder bilden aus den vorgegebenen Zahlen jeweils zwei Malaufgaben und zwei Verteilungsaufgaben. Sie verwenden Tausch- und Umkehraufgaben.

57

11. Die Hälfte

1 Lies die Aufgaben und rechne im Heft.

a) Auf dem Pferdehof gibt es 12 Pferde.
Die Hälfte davon ist schwarz, die andere Hälfte ist braun.
Wie viele braune Pferde gibt es?

b) 8 Kinder kommen zur Reitstunde.
Die Betreuerin verteilt sie in zwei gleich große Gruppen.
Wie viele Kinder sind in jeder Gruppe?

c) Hanna besucht die Pferde auf der Koppel.
Sie hat 20 Äpfel dabei, die sie gerecht
auf die fünf Tiere aufteilt.
Wie viele Äpfel bekommt jedes Pferd?

Bei dieser Aufgabe arbeite
ich mit Legeplättchen.
Dann ist es leichter.

d) Das größte Pferd heißt Butterblume.
Es ist schon 6 Stunden auf der Weide.
Sommerwind ist erst halb so lange dort.
Wie lange ist Sommerwind schon auf der Weide?

e) Der Stalljunge hat 9 Heuballen in den Stall getragen.
Es sind aber noch zehn Mal so viele auf dem Heuwagen.
Wie viele Ballen muss er noch in den Stall tragen?

2 ⭐ Denke dir selbst eine Aufgabe mit Pferden aus,
die zur Rechnung 15 : 3 passt.

Bleib in Form!

3 Rechne und bilde die Umkehraufgabe.

$2 \cdot 1 = $ ☐ $2 \cdot 5 = $ ☐ $2 \cdot 10 = $ ☐ $2 \cdot 2 = $ ☐

$1 \cdot 2 = $ ☐   ☐ $\cdot 2 = $ ☐   ☐ $\cdot$ ☐ $ = $ ☐   ☐ $\cdot$ ☐ $ = $ ☐

12. Geometrische Rätsel

1 Die Kinder müssen die beiden Nagelbretter finden, bei denen die gleiche Anzahl von Dreiecken zu sehen ist. Welche sind das?

2 Spanne die Figuren nach und beschreibe sie. Zeichne sie in dein Heft.

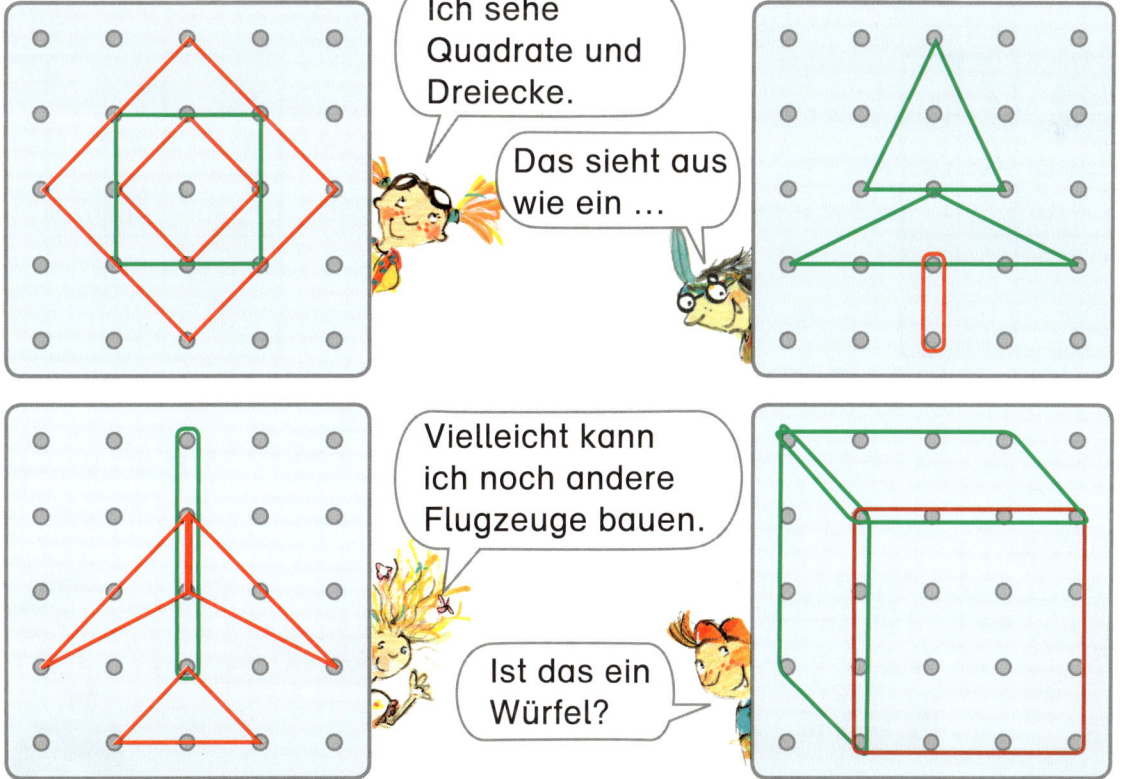

Raum und Form: geometrische Figuren, Geobrett
1) Abenteuergeschichte ▶LH
2) Die Kinder verwenden Geobrett und Gummibänder. Bauanleitung und weitere Anregungen ▶LH

1 Sikaku

· Zerlege die große Figur in Rechtecke und Quadrate.

· In jedem Rechteck und Quadrat muss genau eine Zahl stehen.

· Die Zahl gibt an, aus wie vielen Kästchen das Rechteck oder Quadrat besteht.

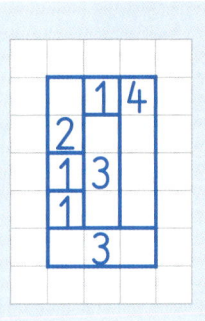

---

2 Rechen-Rap
Übe die 2er-Reihe mit Musik.

CD1-9

1 · 2 = ☐   4 · 2 = ☐   7 · 2 = ☐   10 · 2 = ☐

2 · 2 = ☐   5 · 2 = ☐   8 · 2 = ☐

3 · 2 = ☐   6 · 2 = ☐   9 · 2 = ☐

Bleib in Form!

Raum und Form: Sikaku
2) Die Kernaufgaben der 2er-Reihe sind dunkel hinterlegt.

12. Geometrische Rätsel

1 Lege immer größere Quadrate.
Schreibe mit, wie lang die Seiten sind und wie viele Plättchen du brauchst.

Seitenlänge: 1
Plättchen: 1

Seitenlänge: 2
Plättchen: 2

Seitenlänge:	1	2	3	4	5
Plättchen:	1	4			

2 Finde Malrechnungen zu diesen Quadraten.

a) 3 · 3 = 9

Quadratzahlen

b)

c)

d)

e)

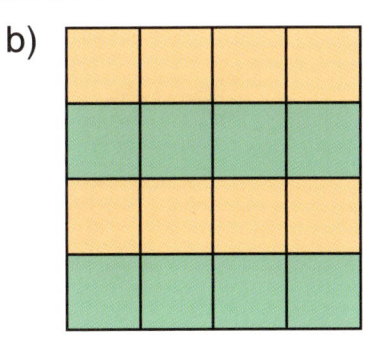

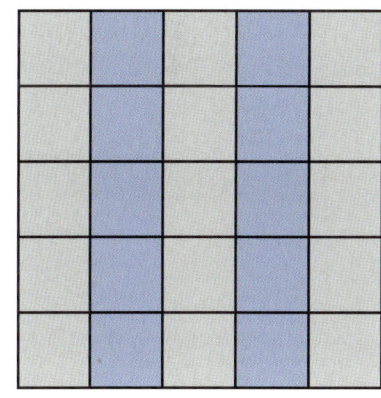

3 Finde Malrechnungen zu diesen Quadratzahlen.

16 = ☐ · ☐   4 = ☐ · ☐   25 = ☐ · ☐   9 = ☐ · ☐

4 Berechne diese Quadratzahlen.
★ Beschreibe, wie du die Lösung gefunden hast.

6 · 6 = ☐   7 · 7 = ☐   8 · 8 = ☐   10 · 10 = ☐

Raum und Form: Quadrate, Quadratzahlen

13. Einzahlen und abheben

1 Rechne aus, wie viele Euro die Kinder auf der Bank haben.

Linn

Guthaben:
*** 32

Einzahlung:
*** 14

Neues Guthaben:

Nora

Guthaben:
*** 51

Einzahlung:
*** 26

Neues Guthaben:

2 Lege diese Geldbeträge. Gibt es verschiedene Möglichkeiten?

a) 23 €

b) 18 €

c) 35 €

d) 50 €

e) 42 €

f) 91 €

g) 100 €

3 Rechne und stelle deinen Rechenweg anderen Kindern vor.

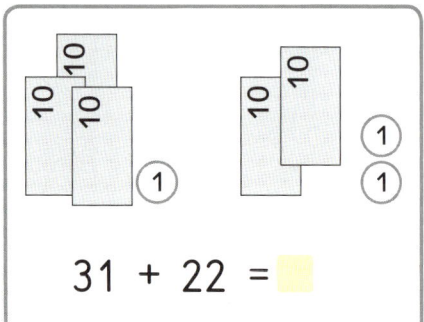

31 + 22 =

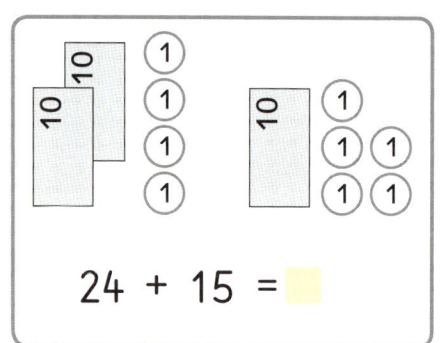

24 + 15 =

Wie rechnest du?

Bleib in Form!

4 Zähle in 5er-Schritten von 0 bis 100 und zurück.

0 5 10 15 20 ... 85 90 95 100

13. Einzahlen und abheben

1 Wie rechnet Aron? Löse die Aufgabe auf seine Art.

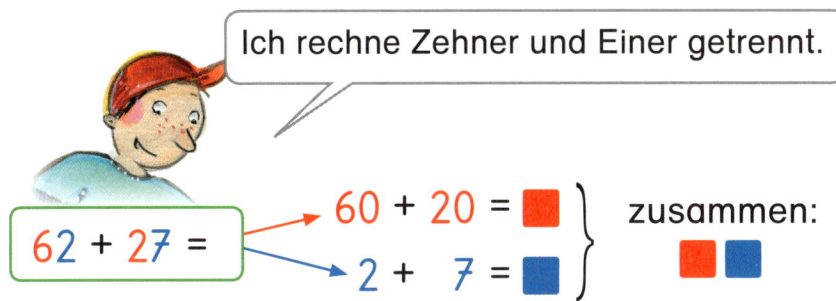

Ich rechne Zehner und Einer getrennt.

62 + 27 =

60 + 20 = ⬛
2 + 7 = ⬛

zusammen: ⬛⬛

2 Rechne wie Aron.

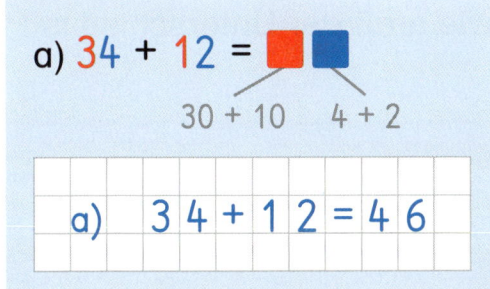

a) 34 + 12 = ⬛⬛
   30 + 10   4 + 2

a)   3 4 + 1 2 = 4 6

b) 67 + 31 = ⬛⬛
   60 + 30   7 + 1

c) 54 + 24 = ⬛⬛
   50 + 20   4 + 4

d) 46 + 13 = ⬛⬛

e) 25 + 31 = ⬛⬛

f) 62 + 23 = ⬛⬛

3 Wie rechnet Nora? Löse die Aufgabe auf ihre Art.

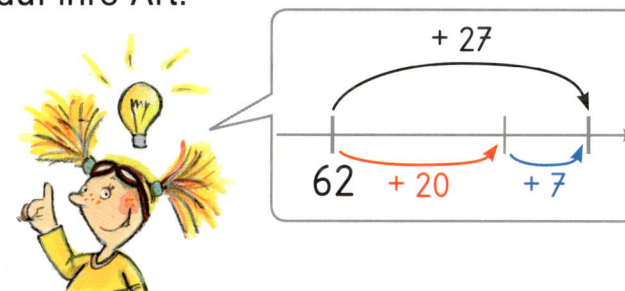

62 + 27 =
   20   7

62 + 20 = ⬛⬛
⬛⬛ + 7 = ⬛⬛

+ 27

62   + 20   + 7

4 Rechne.

42 + 30 = ⬛   25 + 60 = ⬛   64 + 10 = ⬛   51 + 30 = ⬛
42 + 34 = ⬛   25 + 62 = ⬛   64 + 15 = ⬛   51 + 37 = ⬛

5 Rechne wie Nora.

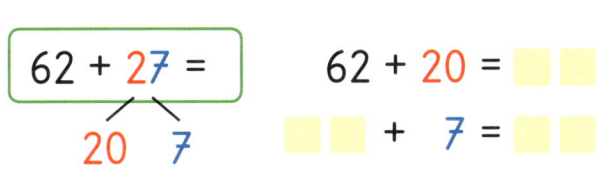

22 + 23 = ⬛

2 2 + 2 3 = 4 5
      20   3

35 + 13 = ⬛   61 + 15 = ⬛   82 + 12 = ⬛
76 + 23 = ⬛   71 + 27 = ⬛   43 + 44 = ⬛
45 + 31 = ⬛   37 + 42 = ⬛   16 + 22 = ⬛

13. Einzahlen und abheben

1 Löse die Aufgaben mit Legematerial.

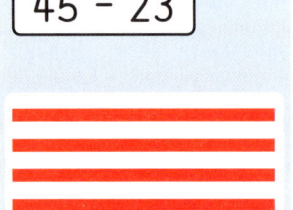

45 – 23

Jetzt nehme ich 23 weg.

Ich rechne mit Geld.

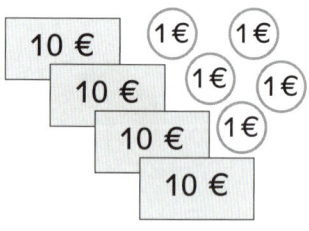

59 – 16   38 – 12   67 – 35   86 – 24

2 Welches Kind hat mehr Geld? Rechne aus, wie groß der Unterschied ist.

a)

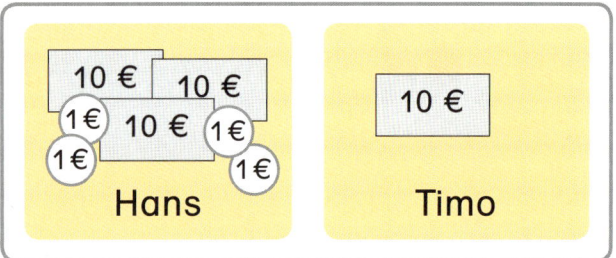

Hans   Timo

b)

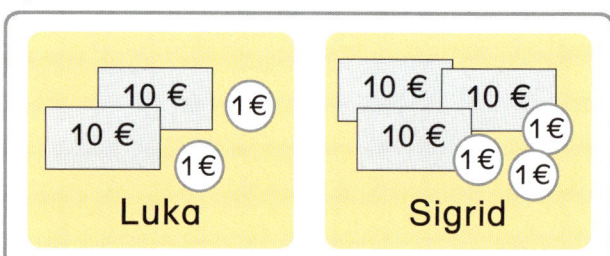

Luka   Sigrid

3 Rechne und beschreibe deinen eigenen Rechenweg.

73 – 53 =   96 – 55 =   47 – 35 =

95 – 32 =   78 – 44 =   62 – 42 =

63 – 12 =   81 – 31 =   88 – 33 =

Wie rechnest du?

Lösungen: 12 20 20 34 41 50 51 55 63

Bleib in Form!

4 Auf einen Blick: Wie viel Geld ist das?

a)
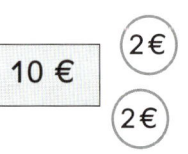

b)
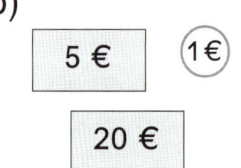

c)
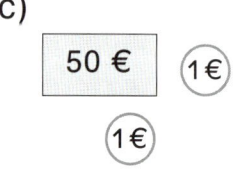

d)

Minusrechnen im Zahlenraum 100: Rechenwege

13. Einzahlen und abheben

1 Wie rechnet Nora? Löse die Aufgabe auf ihre Art.

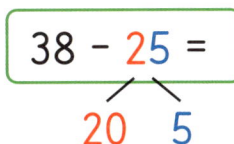 38 – 25 =

20   5

38 – 20 = ☐☐

☐☐ – 5 = ☐☐

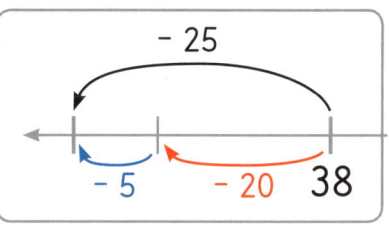

2 Rechne.

36 – 10 = ☐	54 – 20 = ☐	48 – 10 = ☐	67 – 30 = ☐
36 – 12 = ☐	54 – 21 = ☐	48 – 15 = ☐	67 – 34 = ☐
53 – 20 = ☐	95 – 50 = ☐	79 – 10 = ☐	38 – 20 = ☐
53 – 22 = ☐	95 – 53 = ☐	79 – 15 = ☐	38 – 27 = ☐

3 Rechne wie Nora.

85 – 23 = ☐

8 5 – 2 3 = 6 2

20   3

75 – 14 = ☐	98 – 33 = ☐	86 – 53 = ☐
97 – 62 = ☐	64 – 12 = ☐	96 – 31 = ☐
85 – 42 = ☐	76 – 31 = ☐	58 – 16 = ☐

4 Ergänze die Zahlenmauern.

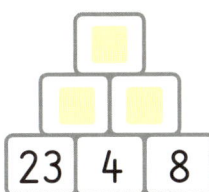
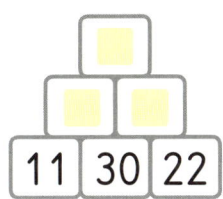

5 Ergänze die Zahlenmauern.

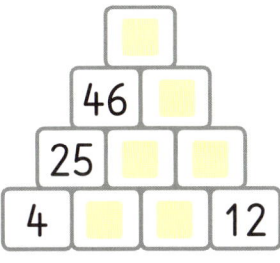
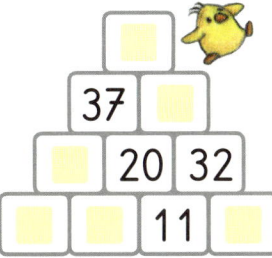

Minusrechnen im Zahlenraum 100: Rechenwege, Zahlenmauern
5) Bei der vierten Zahlenmauer sind mehrere Lösungen möglich.

65

13. Einzahlen und abheben

1 Die Kinder kommen mit ihren Sparbüchern zur Bank.
Manche zahlen etwas ein, andere heben etwas ab.
Rechne aus, wie viel Geld sie danach auf dem Sparbuch haben.

a) Elfi hat 34 € auf ihrem Sparbuch.
Sie zahlt heute noch 21 € ein.

R: 3 4 + 2 1 = 5 5

A: Elfi hat jetzt 55 €.

b) Angela zahlt 23 € ein.
Davor hatte sie schon 75 € auf dem Sparbuch.

c) Sarah hat auf ihrem Sparbuch 53 €. Sie hebt 32 € ab.

d) Tom hat noch kein Sparbuch.
Er bringt 20 € und bekommt ein
neues Sparbuch.

e) Gregor hat 94 € auf seinem Sparbuch.
Er hebt heute 60 € ab.

f) Lukas hat von seinem Onkel 30 € bekommen.
Davon zahlt er die Hälfte ein.
Auf dem Sparbuch hatte er zuvor 50 €.

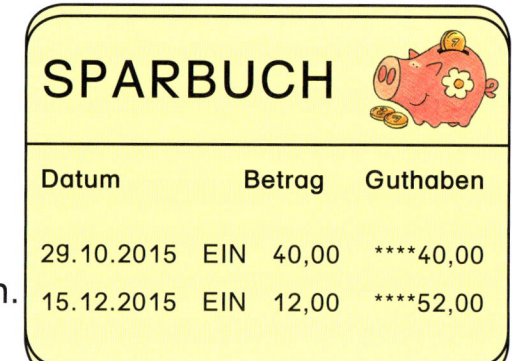

SPARBUCH		
Datum	Betrag	Guthaben
29.10.2015 EIN	40,00	****40,00
15.12.2015 EIN	12,00	****52,00

g) Luisa hat kein Sparbuch. Sie will 75 € abheben.

h) Adam hebt 64 € ab. Jetzt hat er noch 23 € Guthaben.
Wie viel Euro waren es vorher?

i) Nina hat 67 € auf dem Sparbuch.
Wie viel muss sie einzahlen, damit genau 100 € auf dem Sparbuch sind?

Bleib in Form!

2 Auf einen Blick: Wie viel Geld ist das?

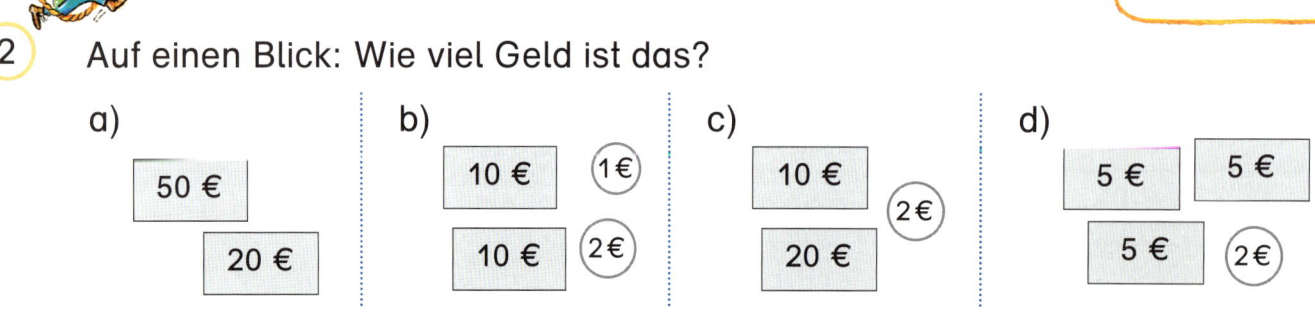

a)

50 €

20 €

b)

10 €   1€

10 €   2€

c)

10 €

20 €   2€

d)

5 €   5 €

5 €   2€

Sachrechnen mit Größen: Euro

13. Einzahlen und abheben

1 Viktoria spart 10 Wochen lang ihr Taschengeld. Schreibe eine Tabelle.

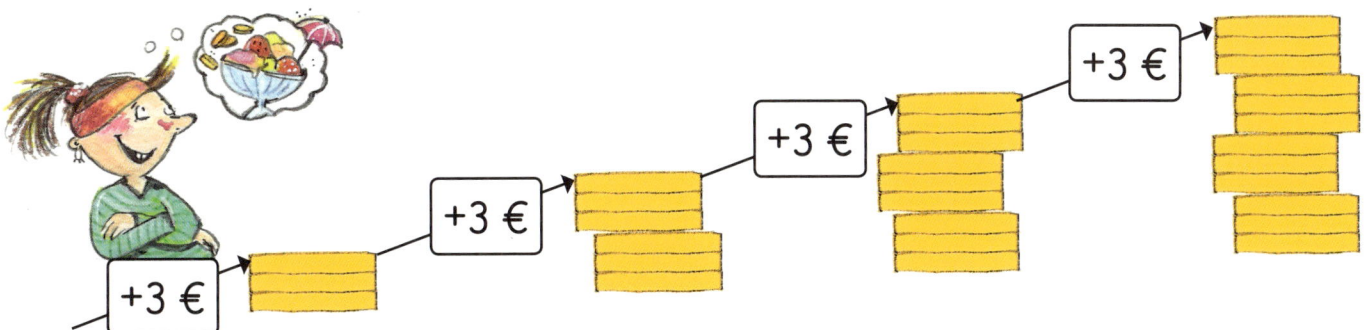

1 Woche: 3 €   2 Wochen: 6 €   3 Wochen: 9 €   4 Wochen: 12 €

Zeit:	Rechnung:	Guthaben:
1 Woche	1 · 3 = 3	3 €
2 Wochen	2 · 3 = 6	6 €

Kernaufgaben

2 Rechne.

3 · 1 = ☐   3 · 2 = ☐   3 · 5 = ☐   3 · 10 = ☐
1 · 3 = ☐   2 · 3 = ☐   5 · 3 = ☐   10 · 3 = ☐

3 Nutze die Kernaufgaben. Was fällt dir auf?

1 · 3 = ☐   10 · 3 = ☐   5 · 3 = ☐   5 · 3 = ☐
2 · 3 = ☐   9 · 3 = ☐   4 · 3 = ☐   6 · 3 = ☐
3 · 3 = ☐   8 · 3 = ☐   3 · 3 = ☐   7 · 3 = ☐

4 Zähle in 3er-Schritten vorwärts und rückwärts.

0, 3, 6, …   30, 27, 24, …

Malrechnen: 3er-Reihe, Kernaufgaben
2) Die Kernaufgaben der 3er-Reihe werden mittels Tauschaufgaben von bekannten Malrechnungen abgeleitet.
3) Die Kernaufgaben müssen automatisiert werden, andere Aufgaben können abgeleitet werden.

14. Das kann ich schon!

1 Rechne im Heft.

63 + 8 = ☐

| 6 3 + 8 = 7 1 |
| 7   1 |

27 + 8 = ☐   55 + 3 = ☐   68 + 2 = ☐

44 + 7 = ☐   18 + 6 = ☐   49 + 6 = ☐

25 + 9 = ☐   78 + 5 = ☐   64 + 7 = ☐

2 Rechne im Heft.

67 − 7 = ☐

| 6 5 − 7 = 5 8 |
| 5   2 |

44 − 9 = ☐   17 − 8 = ☐   30 − 7 = ☐

86 − 8 = ☐   12 − 9 = ☐   85 − 5 = ☐

32 − 5 = ☐   56 − 8 = ☐   97 − 2 = ☐

3 Lies die Sachaufgaben und rechne im Heft.

a) Der Fahrradverleih hat 80 Fahrräder.
   25 davon sind Kinderfahrräder.
   Wie viele Fahrräder für Erwachsene gibt es?

b) Am Vormittag wurden 9 Fahrräder ausgeliehen,
   am Nachmittag wurden 35 Fahrräder ausgeliehen.
   Wie viele waren das insgesamt?

c) Der Fahrradverleih hat 20 Elektrofahrräder. Vier davon sind leider kaputt.
   Wie viele funktionieren?

d) Hannes will heute alle 32 Tandems putzen. 8 Tandems hat er schon fertig.
   Wie viele muss er noch putzen?

Bleib in Form!

4 Finde Malrechnungen mit 3.

9 = ☐ · 3   30 = ☐ · 3   6 = ☐ · 3   12 = ☐ · 3

15 = ☐ · 3   27 = ☐ · 3   21 = ☐ · 3   18 = ☐ · 3

Wiederholung: Plus- und Minusrechnen über den Zehner, Sachrechnen

14. Das kann ich schon!

1 Rechne und ergänze die fehlenden Rechnungen.

$2 \cdot 5 =$ ▢ $10 \cdot 3 =$ ▢ $3 \cdot 2 =$ ▢ $10 \cdot 10 =$ ▢

$3 \cdot 5 =$ ▢ $9 \cdot 3 =$ ▢ $5 \cdot 2 =$ ▢ $8 \cdot 10 =$ ▢

$4 \cdot 5 =$ ▢ $8 \cdot 3 =$ ▢ $7 \cdot 2 =$ ▢ $6 \cdot 10 =$ ▢

▢ $\cdot$ ▢ $=$ ▢   ▢ $\cdot$ ▢ $=$ ▢   ▢ $\cdot$ ▢ $=$ ▢   ▢ $\cdot$ ▢ $=$ ▢

2 Rechne und bilde Tauschaufgaben.

$6 \cdot 5 =$ ▢

6	·	5	=	3	0
5	·	6	=	3	0

$3 \cdot 5 =$ ▢ $3 \cdot 10 =$ ▢ $2 \cdot 0 =$ ▢

$8 \cdot 2 =$ ▢ $7 \cdot 5 =$ ▢ $8 \cdot 3 =$ ▢

$6 \cdot 3 =$ ▢ $9 \cdot 2 =$ ▢ $3 \cdot 5 =$ ▢

3 Giannis Gasthaus hat viele Zimmer.
Hilf ihm auszurechnen, wie viele Stühle
er in jedem Zimmer aufstellen kann.

a) Das rote Zimmer hat fünf Tische,
um die er jeweils sechs Stühle stellen kann.

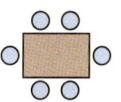

b) Das grüne Zimmer hat zehn Tische,
um die er jeweils vier Stühle stellen kann.

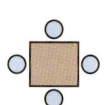

c) Das weiße Zimmer hat drei Tische,
um die er jeweils sechs Stühle stellen kann.

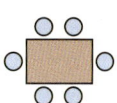

d) Im Extrazimmer stehen zwei große runde Tische.
An jedem Tisch haben 10 Personen Platz.

★ e) Im großen Saal sind 7 Tische.
An jedem Tisch sollen 2 Paare Platz nehmen können.

4 Denke dir eine Rechengeschichte zu diesen Malrechnungen aus. Erzähle sie.

★ a) $3 \cdot 2$ b) $7 \cdot 5$ c) $2 \cdot 10$ d) $4 \cdot 3$

Wiederholung: Malrechnen, Tauschaufgaben, Sachrechnen
3) Die Kinder verwenden zur Lösung auch Tauschaufgaben.

14. Das kann ich schon!

1 Rechne und bilde die Umkehraufgabe.

6 : 2 = ☐ , weil ☐ · ☐ = 6

6 : 2 = 3, weil 3 · 2 = 6

25 : 5 = ☐ , weil ☐ · ☐ = 25

20 : 2 = ☐ , weil ☐ · ☐ = 20

12 : 4 = ☐ , weil ☐ · ☐ = 12

2 Rechne.

16 : 2 = ☐   30 : 5 = ☐   50 : 10 = ☐   15 : 3 = ☐

2 : 2 = ☐   45 : 5 = ☐   80 : 10 = ☐   27 : 3 = ☐

14 : 2 = ☐   10 : 5 = ☐   30 : 10 = ☐   18 : 3 = ☐

3 Rechne und schreibe die Antworten.

a) Gianni hat sechs Becher Wasser in den Topf gegeben.
   Jetzt muss er halb so viel Reis dazugeben.

b) Linn nimmt für eine Portion Spaghetti eine Hand voll Nudeln.
   Wie viele Nudeln braucht sie für 6 Portionen?

c) Aron belegt Brote. Auf jedes Brot kommen 5 Scheiben Wurst.
   Wie viele Scheiben braucht er für 8 Brote?

d) Nora bäckt Brötchen. Auf ein Backblech passen 6 Brötchen.
   Sie füllt 3 Bleche. Wie viele Brötchen sind das?

★ e) Philipp wünscht sich zum Geburtstag drei riesige Apfelstrudel.
   Für jeden Strudel braucht man 12 Äpfel.
   Wie viele Äpfel sind das insgesamt?

Bleib in Form!

4 Welche Zahlen sind gerade? Welche ungerade? Schreibe eine Liste.

ungerade:

gerade:

15   20

7   10

4   13

2   19   14

Wiederholung: Verteilen, Umkehraufgaben, Sachrechnen

14. Das kann ich schon!

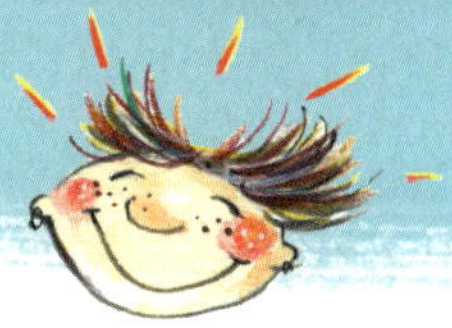

1 Spanne die Figuren nach.
Was könnten sie darstellen?

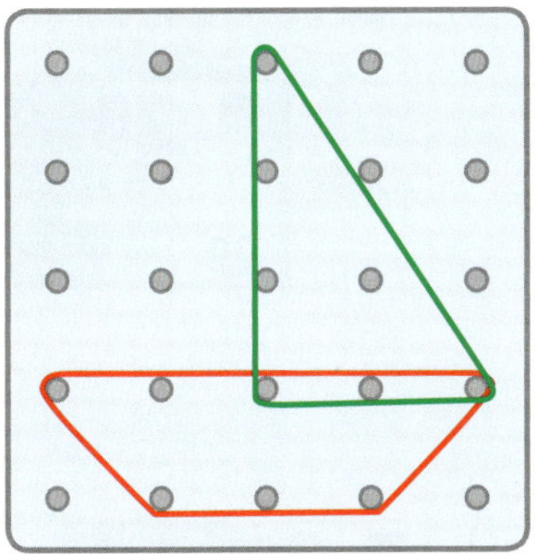

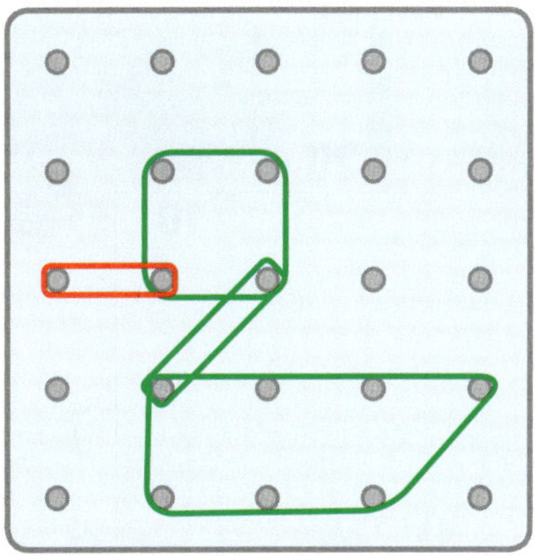

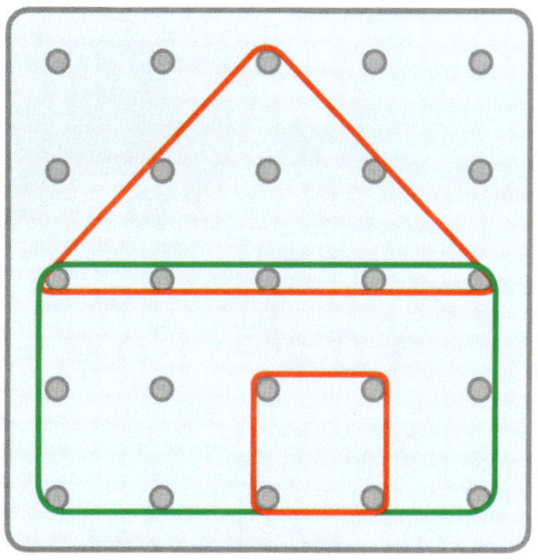

Welche geometrischen Figuren findest du in den Bildern? Wie viele sind es?

Dreiecke   Quadrate   Rechtecke   Kreise

2 Löse die Sikakus im Heft.

3					4
6		3	2		
			1	2	
				3	

	9	
4		
		2
	9	

			4		
	4	8			
2					
				4	
				1	2
16				1	

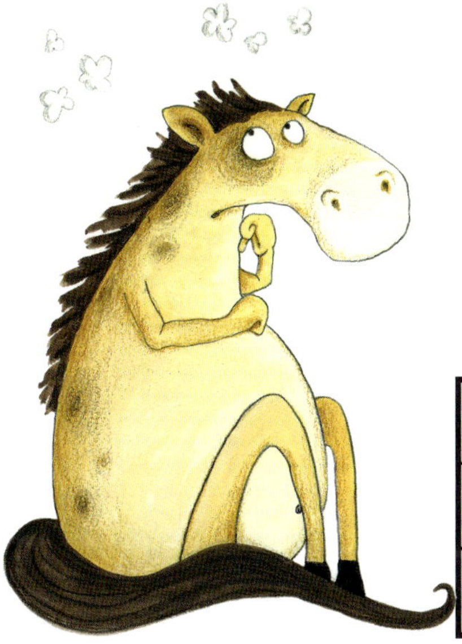

2				1	2				9		
2			4	3			2				
	3				5						3

14. Das kann ich schon!

1 Wie viel Euro sind das?

a)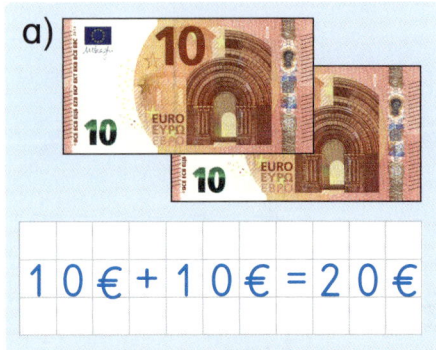

$10 € + 10 € = 20 €$

c)

e)

b)

d)

f)

2 Spiele mit einem anderen Kind „Geld wechseln".
Verwende dafür Spielgeld.

Können Sie mir bitte 10 Euro wechseln? Ich brauche 2-Euro-Münzen für den Bus.

Können Sie mir bitte einen Euro wechseln? Ich brauche einige 10-Cent-Münzen.

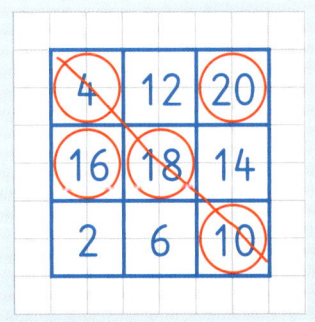

Bleib in Form!

3 Malreihen-Bingo.

2er-Reihe

4	12	20
16	18	14
2	6	10

3er-Reihe

24	18	27
6	30	3
9	15	12

10er-Reihe

50	90	20
10	30	60
70	40	80

Wiederholung: Größen, Euro
3) Erläuterung Malreihen-Bingo siehe Seite 54.

14. Das kann ich schon!

1 Rechne.

34 + 10 = ☐   52 + 30 = ☐   43 + 20 = ☐   31 + 40 = ☐
34 + 12 = ☐   52 + 35 = ☐   43 + 24 = ☐   31 + 46 = ☐

2 Rechne.

7 + 2 = ☐   1 + 3 = ☐   4 + 2 = ☐   1 + 6 = ☐
40 + 20 = ☐   30 + 50 = ☐   10 + 40 = ☐   60 + 30 = ☐
47 + 22 = ☐   31 + 53 = ☐   14 + 42 = ☐   61 + 36 = ☐

3 Rechne.

67 − 20 = ☐   45 − 10 = ☐   78 − 40 = ☐   96 − 30 = ☐
67 − 23 = ☐   45 − 12 = ☐   78 − 45 = ☐   96 − 34 = ☐

4 Rechne.

42 + 16 = ☐   34 + 33 = ☐   96 − 43 = ☐   85 − 54 = ☐
25 + 31 = ☐   14 + 62 = ☐   78 − 26 = ☐   69 − 17 = ☐
67 + 12 = ☐   55 + 32 = ☐   24 − 14 = ☐   97 − 42 = ☐

5 Lies die Sachaufgaben und rechne im Heft.

a) Die 23 Kinder der Klasse 2a und die 25 Kinder der Klasse 2b
   machen gemeinsam einen Ausflug.
   Wie viele Kinder sind das?

b) In einem Bus sitzen 35 Menschen. Elf Plätze sind noch frei.
   Wie viele Plätze hat der Bus?

c) Ein Wagon hat Platz für 84 Personen.
   Wie viele Leute sitzen im Wagon, wenn noch 23 Plätze frei sind?

d) In einer Straßenbahn sind 96 Menschen.
   41 davon haben einen Sitzplatz, die anderen müssen stehen.
   Wie viele Menschen stehen in dieser Straßenbahn?

Wiederholung: Rechnen im Zahlenraum 100, Sachrechnen

Knobelaufgabe

⭐ Überlege, wie du die Knobelaufgabe lösen kannst.
Sprich mit anderen Kindern darüber.

Sikakus

1 Aus diesen Sikakus sind die Zahlen herausgefallen.
Zeichne die Sikakus in dein Heft. Schreibe dann die Zahlen
so in die Kästchen, dass man die Sikakus lösen kann.

| 3 | 6 | 1 | 2 |

| 8 | 2 | 3 | 2 |

a) Vergleiche deine Lösungen mit den Lösungen anderer Kinder.
Was fällt dir auf?

2 Aus diesen drei Sikakus sind auch die Zahlen herausgefallen.
Finde heraus, welche Zahlen zu welchen Sikakus gehören.
Zeichne die Sikakus in dein Heft. Schreibe dann die Zahlen
so in die Kästchen, dass man die Sikakus lösen kann.

| 6 | 2 | 3 | 4 |

| 1 | 2 | 4 | 2 |

| 3 | 6 | 4 | 3 |

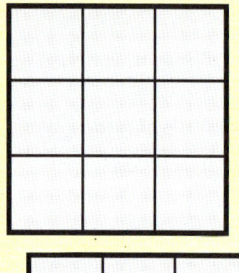

a) Wie bist du auf deine Lösung gekommen?
Besprich deinen Lösungsweg mit einem
anderen Kind.

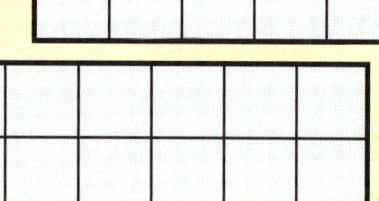

15. Gruppen bilden

1 Hilf den Zwergen, Mannschaften für das Spiel zu bilden.

Gruppen bilden, aufteilen

a) In jeder Mannschaft sollen 3 Zwerge sein.

b) In jeder Mannschaft sollen 4 Zwerge sein.

c) In jeder Mannschaft sollen 6 Zwerge sein.

Verwende Plättchen beim Lösen der Aufgabe.

2 Wie viele Gruppen können die Zwerge bilden?
Lege mit Plättchen und antworte.

a) 20 Zwerge bilden Vierergruppen.

 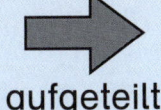 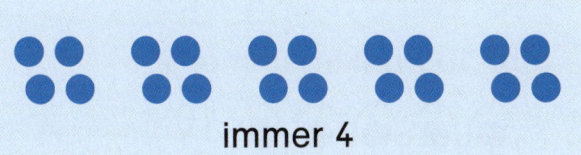

20 Zwerge   aufgeteilt   immer 4

a) Sie können 5 Gruppen bilden.

b) 18 Zwerge bilden Sechsergruppen.

c) 10 Zwerge bilden Fünfergruppen.

d) 12 Zwerge bilden Zweiergruppen.

e) 15 Zwerge bilden Dreiergruppen.

Aufteilen
1) **TIPP** Im Klassenverband verschiedene Gruppen bilden. Abenteuergeschichte ▶LH

15. Gruppen bilden

1 Frau Schneider ist Marktfrau. Sie ordnet ihre Ware. Zeichne und rechne.

a) Sie hat 18 Eier.
In jede Schachtel
kommen 6 Eier.

3 Schachteln

b) Sie hat 20 Äpfel.
In jede Packung
kommen 4 Äpfel.

d) Sie hat 15 Möhren.
In jedem Bund sollen
5 Möhren sein.

c) Sie hat 18 Lutscher.
In jede Tüte kommen
3 Lutscher.

e) Sie hat 18 Brötchen.
In jede Tüte kommen
6 Brötchen.

2 Finde die passenden Rechnungen.

a) 12 Punkte. Immer 4.

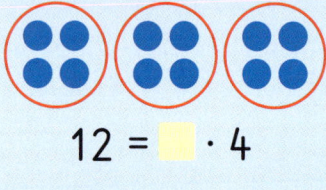

$12 = \square \cdot 4$

$12 : 4 = \square$

a) $12 = 3 \cdot 4$
$12 : 4 = 3$

c) 20 Punkte. Immer 5.

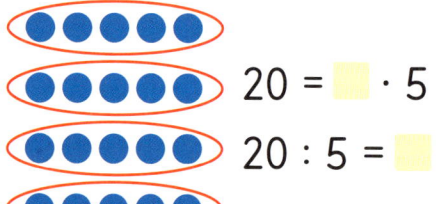

$20 = \square \cdot 5$

$20 : 5 = \square$

b) 10 Punkte. Immer 2.

$10 = \square \cdot 2$

$10 : 2 = \square$

d) 18 Punkte. Immer 3.

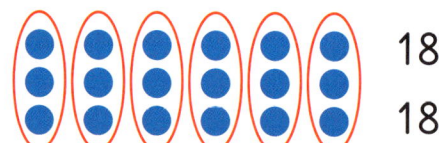

$18 = \square \cdot 3$

$18 : 3 = \square$

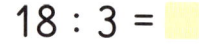

Bleib in Form!

3 Rechne.

$35 + 5 = \square$ $87 + 3 = \square$ $56 + 4 = \square$ $78 + 2 = \square$

$35 + 7 = \square$ $87 + 6 = \square$ $56 + 6 = \square$ $78 + 5 = \square$

$35 + 9 = \square$ $87 + 9 = \square$ $56 + 8 = \square$ $78 + 8 = \square$

Aufteilen
1) Zur Unterstützung können die Kinder Legeplättchen verwenden.

15. Gruppen bilden

1 Rechne und kontrolliere mit der Umkehraufgabe.

$8 : 2$

8 durch 2 geht 4-mal, weil 4 mal 2 gleich 8 ist.

$8 : 2 = 4$, weil $4 \cdot 2 = 8$

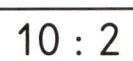

$10 : 2$	$20 : 5$	$24 : 4$	$70 : 10$
$18 : 2$	$40 : 4$	$35 : 5$	$16 : 4$

Umkehraufgabe

2 Rechne und bilde die Umkehraufgaben.

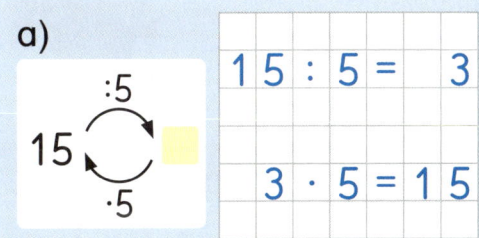

a)

$15 : 5 = 3$

$3 \cdot 5 = 15$

15 :5 ·5

d)  12 :3 ·3

f) 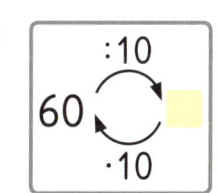 60 :10 ·10

h) :5 2 ·5

b) :2 7 ·2

c) 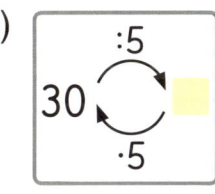 30 :5 ·5

e) 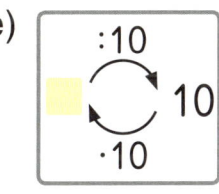 :10 10 ·10

g) 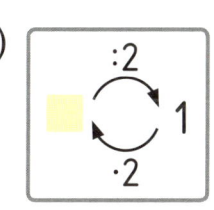 :2 1 ·2

i) 45 :5 ·5

3 Rechne.

$10 : 10 =$	$25 : 5 =$	$6 : 2 =$	$12 : 3 =$
$80 : 10 =$	$50 : 5 =$	$18 : 2 =$	$9 : 3 =$
$30 : 10 =$	$15 : 5 =$	$4 : 2 =$	$21 : 3 =$
$50 : 10 =$	$40 : 5 =$	$20 : 2 =$	$15 : 3 =$
$0 : 10 =$	$5 : 5 =$	$8 : 2 =$	$30 : 3 =$
$100 : 10 =$	$45 : 5 =$	$14 : 2 =$	$3 : 3 =$
$70 : 10 =$	$20 : 5 =$	$12 : 2 =$	$6 : 3 =$
$60 : 10 =$	$30 : 5 =$	$16 : 2 =$	$24 : 3 =$

Teilen: Umkehraufgaben

15. Gruppen bilden

1 Finde Fragen und rechne im Heft.

a) Hanna hat 30 Blumen gepflückt. Sie macht Sträuße mit je fünf Blumen.

b) Rudi hat vier Blumensträuße gebunden.
In jeden Strauß hat er sechs Tulpen gesteckt.

c) Auf ein Backblech passen drei Apfelstrudel.
Der Bäcker will 15 Strudel backen.

d) Der Bäcker hat 24 Brote gebacken.
Er packt sie in Taschen mit jeweils drei Broten.

e) Bettina bastelt Kastanienmännchen. Sie hat 21 Kastanien.
Für ein Kastanienmännchen braucht Bettina 3 Kastanien.

2 Aufgabenwerkstatt
Finde Fragen, Rechnungen und Antworten.

Peter arbeitet seit fünf Jahren auf dem Geflügelhof Huber.
Dort gibt es 60 Hühner, 42 Enten, sechs Strauße und ein paar Wachteln.

Die Hühner legen jeden Tag ein Ei. Enten legen nur alle zwei Tage ein Ei,
Strauße sogar nur ein Ei pro Woche. Jeden Tag sammelt Peter alle Eier
ein und packt sie in Schachteln.

Außer dem Federvieh leben noch drei Katzen, ein Hund und
neun Ziegen auf dem Hof.

Peter mag die Tiere und seine Arbeit sehr.

> F: Wie viele Kartons kann Peter jeden Tag mit Hühnereiern füllen?
>
> R: $60 : 6 = 10$
>
> A: Peter kann jeden Tag 10 Kartons füllen.

Bleib in Form!

3 Rechne.

$42 - 2 = $	$94 - 4 = $	$63 - 3 = $	$85 - 5 = $
$42 - 5 = $	$94 - 6 = $	$63 - 8 = $	$85 - 7 = $

Sachrechnen
2) Die Kinder verwenden zur Strukturierung von Sachaufgaben folgende Abkürzungen: F: Frage, R: Rechnung, A: Antwort.

78

15. Gruppen bilden

1 Wie viele Birnen? Finde Malrechnungen.

a)    b)    c)

2 Wie nutzt Luis die Kernaufgaben?
Erkläre, wie er jede Aufgabe rechnet.

$1 \cdot 4 =$ | 4 |

$2 \cdot 4 =$ | 4 | 4 | →+4

$3 \cdot 4 =$ | 4 | 4 | 4 |

$4 \cdot 4 =$ | 4 | 4 | 4 | 4 | ←−4

$5 \cdot 4 =$ | 4 | 4 | 4 | 4 | 4 | →+4

$6 \cdot 4 =$ | 4 | 4 | 4 | 4 | 4 | 4 | →+4

$7 \cdot 4 =$ | 4 | 4 | 4 | 4 | 4 | 4 | 4 |

$8 \cdot 4 =$ | 4 | 4 | 4 | 4 | 4 | 4 | 4 | 4 | ←−4

$9 \cdot 4 =$ | 4 | 4 | 4 | 4 | 4 | 4 | 4 | 4 | 4 | ←−4

$10 \cdot 4 =$ | 4 | 4 | 4 | 4 | 4 | 4 | 4 | 4 | 4 | 4 |

> Die Ergebnisse der Kernaufgaben kann ich auswendig.

3 Rechne. Beginne mit der einfacheren Aufgabe.

$4 \cdot 4 =$ ☐ $1 \cdot 4 =$ ☐ $8 \cdot 4 =$ ☐ $5 \cdot 4 =$ ☐

$5 \cdot 4 =$ ☐ $2 \cdot 4 =$ ☐ $9 \cdot 4 =$ ☐ $6 \cdot 4 =$ ☐

$6 \cdot 4 =$ ☐ $3 \cdot 4 =$ ☐ $10 \cdot 4 =$ ☐ $7 \cdot 4 =$ ☐

4 Finde Malrechnungen zu diesen Ergebnissen.

20   8   40   32
              36   24   4
   12   0   16   28

Malrechnen: 4er-Reihe
2) Die Kernaufgaben der 4er-Reihe sind hervorgehoben.

79

16. Rund um die Uhr

1 Welche Mannschaften haben den Staffellauf
unter einer Stunde geschafft?

Das große
Stundenrennen

Stunde, Minute

1 Stunde hat 60 Minuten
1 Stunde = 1 h
1 Minute = 1 min

Rechne die Zeiten zusammen.

a) Mannschaft A: Frenn: 15 min, Bolle: 10 min, Zaru: 20 min, Lema: 14 min

b) Mannschaft B: Ongo: 20 min, Tinga: 11 min, Poki: 18 min, Mita: 20 min

c) Mannschaft C: Ruke: 13 min, Ludo: 14 min, Meck: 11 min, Jinga: 20 min

2 Ergänze immer auf eine Stunde.

40 min + ⬜ = 1 h

4 0 min + 2 0 min = 1 h

30 min + ⬜ = 1 h

50 min + ⬜ = 1 h

10 min + ⬜ = 1 h

52 min + ⬜ = 1 h

56 min + ⬜ = 1 h

55 min + ⬜ = 1 h

Bleib in Form!

3 Rechne.

24 + 13 = ⬜   61 + 34 = ⬜   13 + 24 = ⬜   36 + 42 = ⬜

41 + 45 = ⬜   53 + 16 = ⬜   42 + 13 = ⬜   54 + 14 = ⬜

72 + 21 = ⬜   14 + 32 = ⬜   58 + 31 = ⬜   27 + 61 = ⬜

1 Wie viele Minuten zeigt der Minutenzeiger?
Bastle eine Uhr.

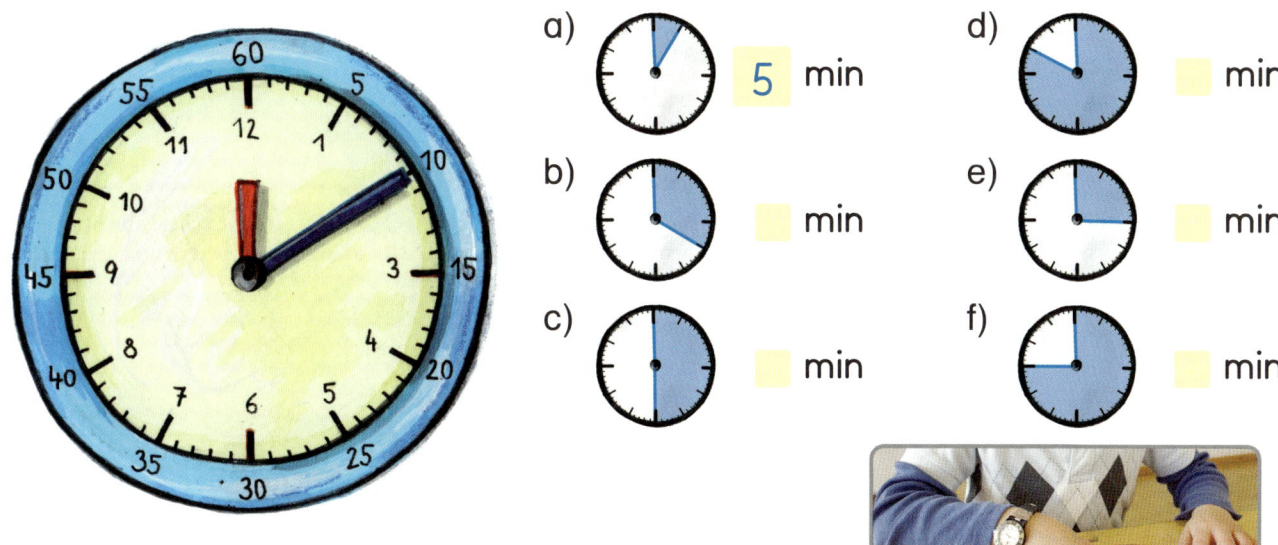

a) **5** min

b) ☐ min

c) ☐ min

d) ☐ min

e) ☐ min

f) ☐ min

2 Erzähle die Geschichte.
Stelle die Zeiten auf deiner Uhr ein.

7:00 Uhr

7:05 Uhr

7:20 Uhr

7:30 Uhr

7:45 Uhr

8:00 Uhr

Größen: Minuten, die Uhr
2) Die Kinder erzählen, wie ihr Tagesbeginn aussieht.

81

16. Rund um die Uhr

1 Wo steht der Stundenzeiger zu diesen Uhrzeiten?

15 Uhr

13 Uhr

18 Uhr

20 Uhr

Ein Tag hat 24 Stunden.

Tag

2 Veras Mutter hat Gregor und Vera beim Spielen fotografiert.
Nummeriere die Fotos in der richtigen Reihenfolge.
Stelle die Zeiten auf deiner Uhr ein.

1. B, 2. ...

A  15.30

B  14.50

C  16.25

D  15.55

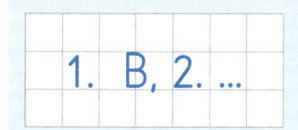

Bleib in Form!

3 Rechne.

95 – 22 =	56 – 15 =	44 – 32 =	94 – 22 =
49 – 15 =	75 – 45 =	69 – 15 =	76 – 45 =
67 – 41 =	88 – 24 =	83 – 43 =	87 – 54 =

16. Rund um die Uhr

1 Schau auf die Uhr und beantworte die Fragen.

a) Es ist Vormittag. Wie spät ist es?

b) Wie spät ist es in einer Stunde?

c) Wie spät war es vor einer Stunde?

Zeitpunkt, Zeitdauer

2 Schau auf die Uhr und beantworte die Fragen.

a) Es ist Nachmittag. Wie spät ist es?

b) Wie spät ist es in drei Stunden?

c) Wie spät war es vor zwei Stunden?

3 Schau auf die Uhr und beantworte die Fragen.

a) Es ist Nachmittag. Wie spät ist es?

b) Wie lange dauert es noch bis 17:00 Uhr?

c) Bernd ist um 15:00 nach Hause gekommen.
Wie lange ist er schon daheim?

4 Partnerspiel: Stelle eine Zeit auf deiner Uhr ein und
überlege dir Fragen für ein anderes Kind.

5 Beantworte die Fragen zu den Schildern.

Kinderarzt	
Öffnungszeiten:	
MO	8 – 12 Uhr
DI	8 – 12 Uhr, 15 – 18 Uhr
MI, DO	8 – 14 Uhr
FR	9 – 13 Uhr

Zahnärztin	
Öffnungszeiten:	
MO, DI	9 – 11, 14 – 17 Uhr
MI	7 – 12 Uhr
DO	15 – 19.30 Uhr
FR	10 – 15 Uhr

a) Wie viele Stunden hat der Kinderarzt am Montag geöffnet?

b) Wie viele Stunden hat der Kinderarzt am Dienstag geöffnet?

c) Wie viele Stunden hat die Zahnärztin am Donnerstag geöffnet?

d) Sandra muss zum Zahnarzt. Sie hat nur ganz früh am Morgen Zeit.
Wann könnte sie gehen?

 e) Welcher Arzt hat während einer Woche länger geöffnet?
Um wie viele Stunden länger?

Größen: Uhrzeit, Zeitpunkt, Zeitdauer
5) **TIPP** Weitere Übungen zu Öffnungszeiten ▶ LH

16. Rund um die Uhr

1 Zähle in 6er-Schritten vorwärts und rückwärts.

0, 6, 12, …

60, 54, 48, …

2 Rechne. Nutze die Kernaufgaben.

$1 \cdot 6 = \square$ $10 \cdot 6 = \square$ $5 \cdot 6 = \square$ $5 \cdot 6 = \square$

$2 \cdot 6 = \square$ $9 \cdot 6 = \square$ $4 \cdot 6 = \square$ $6 \cdot 6 = \square$

$3 \cdot 6 = \square$ $8 \cdot 6 = \square$ $3 \cdot 6 = \square$ $7 \cdot 6 = \square$

3 Drei Zahlen, vier Aufgaben.

a) 6   7   42

$7 \cdot 6 = 42$
$6 \cdot 7 = 42$
$42 : 6 = 7$
$42 : 7 = 6$

b) 5   6   30

d) 6   3   18

c) 6   2   12

e) 6   4   24

Bleib in Form!

4 Rechen – Rap
Übe die 6er-Reihe mit Musik.

CD1-13

1 mal 6 gleich wie viel?

2 mal 6 gleich wie viel?

1 mal 6 gleich 6.

2 mal 6 gleich 12.

Malrechnen: 6er-Reihe

17. Messen mit dem Lineal

1 Hilf Aron die richtigen Schrauben zu finden.
Sie müssen genau einen Zentimeter lang sein.

1 cm = 1 Zentimeter

Länge,
Zentimeter

2 Miss mit deinem Lineal.

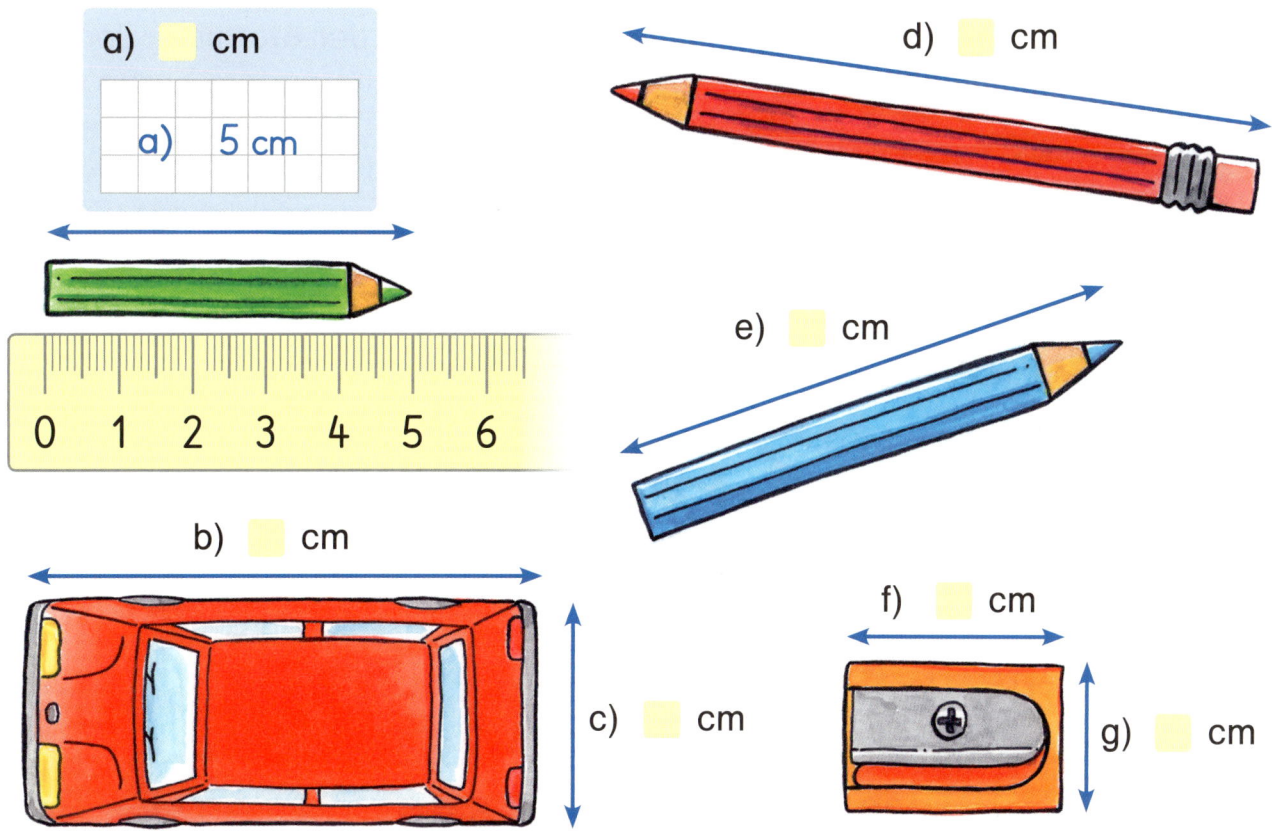

a) ☐ cm

a)	5 cm			

b) ☐ cm

c) ☐ cm

d) ☐ cm

e) ☐ cm

f) ☐ cm

g) ☐ cm

3 Miss mit deinem Lineal andere Dinge im Klassenzimmer.

17. Messen mit dem Lineal

1 Zeichne die Rechnungen als Strecken in dein Heft.

a) 6 cm + 3 cm = 9 cm

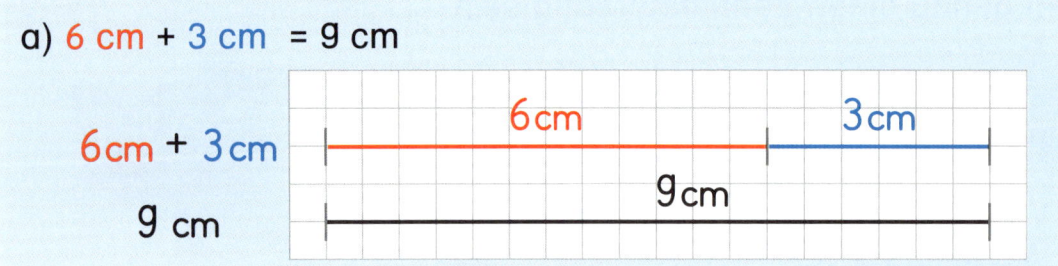

6 cm + 3 cm
9 cm

b) 3 cm + 6 cm = 9 cm   e) 10 cm + 5 cm = 15 cm

c) 5 cm + 2 cm = 7 cm   f) 3 cm + 9 cm = 12 cm

d) 2 cm + 5 cm = 7 cm   g) 8 cm + 6 cm = 14 cm

Strecke

2 Spiel: Auto-Rallye

Material:
Papier und Buntstifte, Würfel, Lineal

Vorbereitung:
Zeichne eine Rennstrecke auf das Papier.

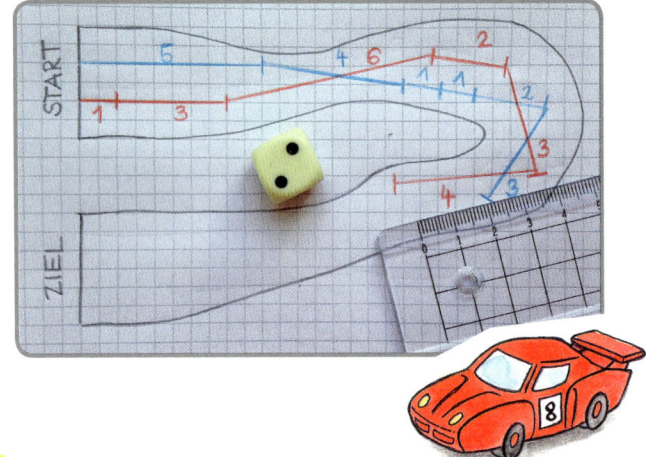

Spiel:
Spielt zu zweit und würfelt abwechselnd. Die Würfelzahl gibt an, wie lang die Fahrstrecke ist.

Beginnt bei der Startlinie. Jedes Kind bekommt eine andere Farbe und zeichnet mit dem Lineal die erste Strecke ein. Dann werden die anderen Strecken dazu gezeichnet.

Die Fahrbahn darf nicht verlassen werden. Wenn die Würfelzahl zu groß ist und die Strecke über die Fahrbahn hinausgeht, muss man eine Runde aussetzen.

Wer zuerst über die Ziellinie fährt, gewinnt.

Bleib in Form!

3 Rechne.

15 : 3 = ☐   8 : 4 = ☐   25 : 5 = ☐   12 : 6 = ☐

9 : 3 = ☐   20 : 4 = ☐   45 : 5 = ☐   30 : 6 = ☐

18 : 3 = ☐   24 : 4 = ☐   5 : 5 = ☐   18 : 6 = ☐

Größen: Zentimeter, zusammengesetzte Strecken, Längen messen

17. Messen mit dem Lineal

1 Partnerarbeit:
Findet Dinge, die 1 cm, 10 cm oder 1 m lang sind. Schreibt eine Tabelle.

1 Meter = 100 Zentimeter
1 m = 100 cm

etwa 1 cm	etwa 10 cm	etwa 1 m
Fingerbreite	Faust	Türbreite
	Füllfederhalter	

2 Schätze erst die Längen dieser Dinge und messe sie dann nach.

a) **Breite des Tisches**

a)	geschätzt:	7 0 cm
b)	gemessen:	5 4 cm

Wähle beim Messen immer die Zahl, die näher liegt.

b) Höhe des Tisches
c) Höhe des Stuhls
d) Länge des Bleistifts
e) Länge des Mäppchens
f) Breite des Mathematikbuches
g) Breite des Waschbeckens
h) Finde noch drei weitere Dinge und miss die Längen.

3 Ergänze immer auf einen Meter.

70 cm + ☐ cm = 1 m	95 cm + ☐ cm = 1 m	☐ cm + 10 cm = 1 m
50 cm + ☐ cm = 1 m	92 cm + ☐ cm = 1 m	☐ cm + 80 cm = 1 m
30 cm + ☐ cm = 1 m	98 cm + ☐ cm = 1 m	☐ cm + 1 cm = 1 m
80 cm + ☐ cm = 1 m	94 cm + ☐ cm = 1 m	☐ cm + 50 cm = 1 m
100 cm + ☐ cm = 1 m	96 cm + ☐ cm = 1 m	☐ cm + 30 cm = 1 m

Größen: Meter, Zentimeter, Längen schätzen und messen

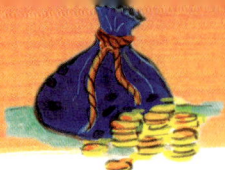

18. Geldgeschäfte

1 Cedric und Linn wollen gemeinsam ein Fernglas kaufen. Haben sie genug Geld?

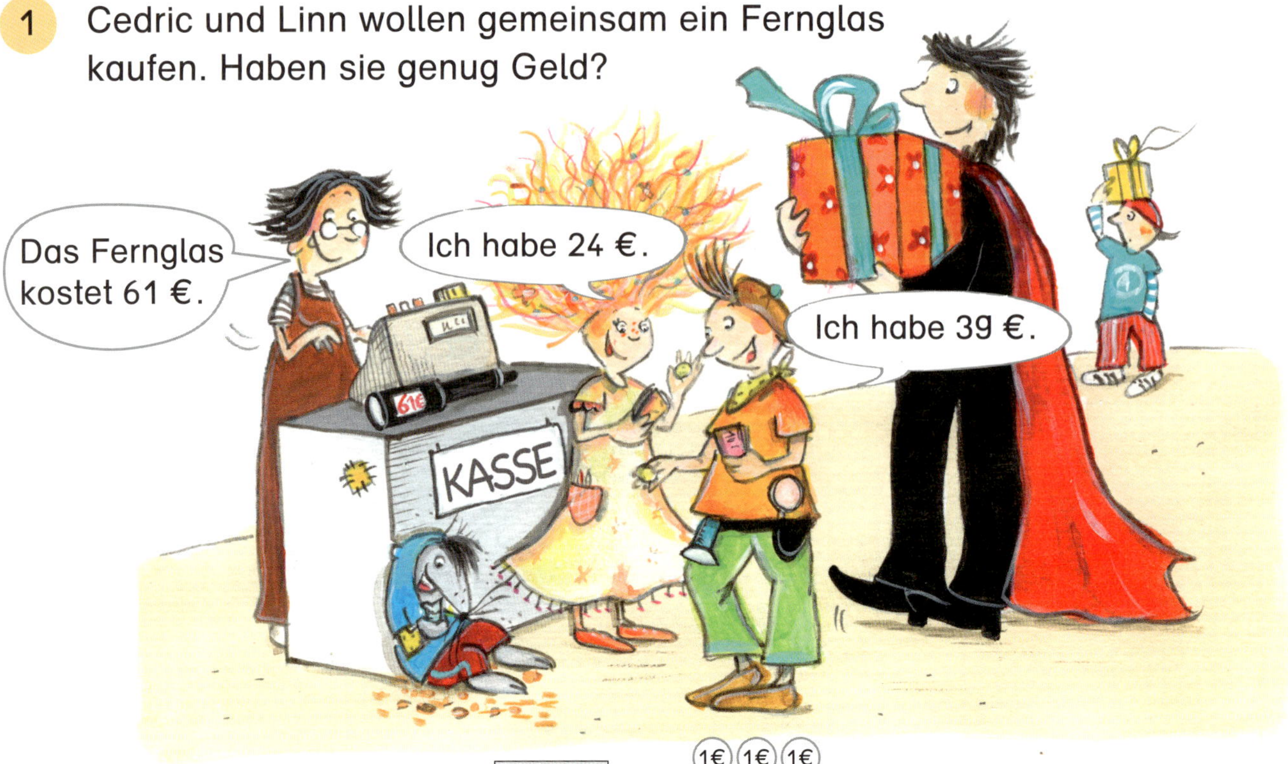

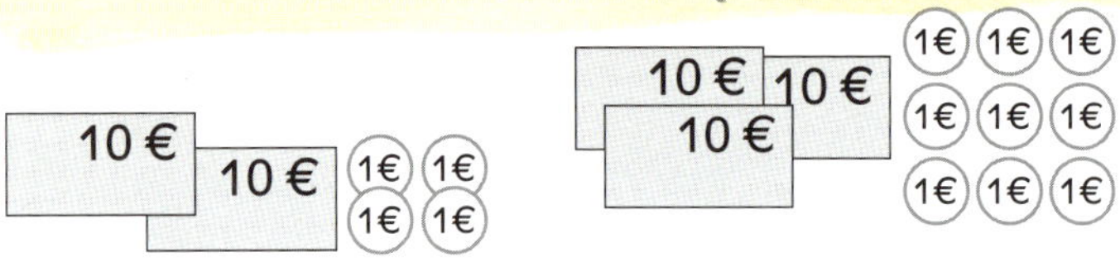

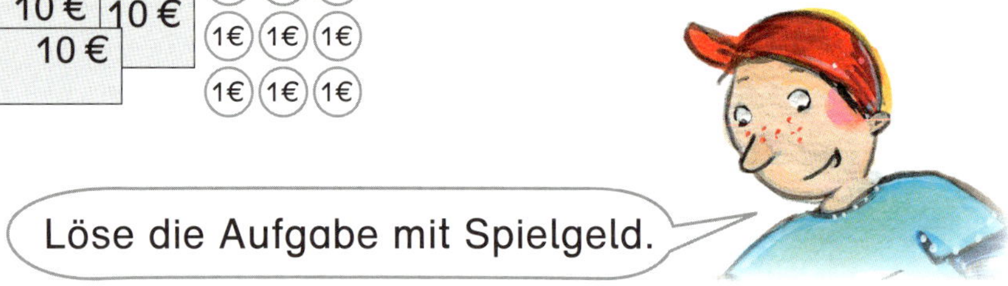

Das Fernglas kostet 61 €.
Ich habe 24 €.
Ich habe 39 €.
KASSE

10 €
10 €
1€ 1€
1€ 1€
10 € 10 €
10 €
1€ 1€ 1€
1€ 1€ 1€
1€ 1€ 1€

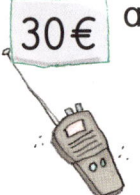

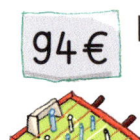

Löse die Aufgabe mit Spielgeld.

2 Haben die Kinder genug Geld?

30€

a) Das Funkgerät kostet 30 €.
Charlotte hat 18 €.
Miriam hat 15 €.

94€

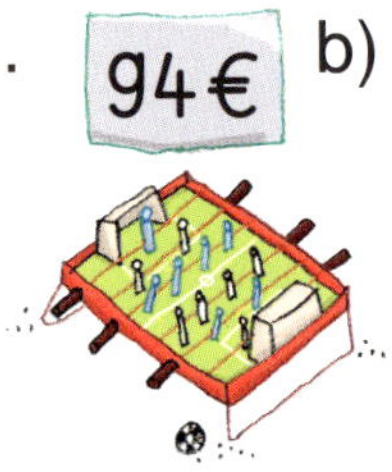

b) Der Spieltisch kostet 94 €.
David hat 36 €.
Kevin hat 48 €.

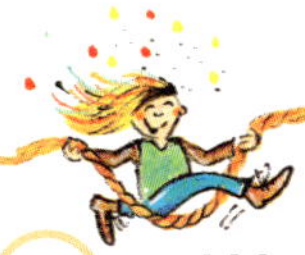

Bleib in Form!

3 Welche Zeiten zeigen diese Uhren?

a) b) c) d)

Sachrechnen mit Geld
1) Abenteuergeschichte ▶LH
1) 2) Die Kinder verwenden zur Unterstützung das Spielgeld aus den Stanzbögen.

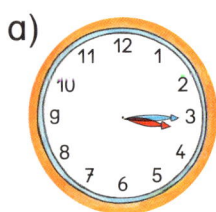

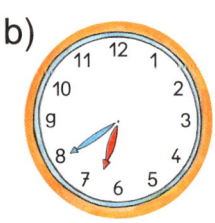

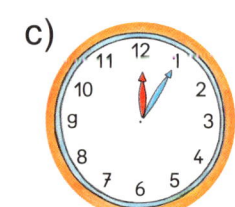

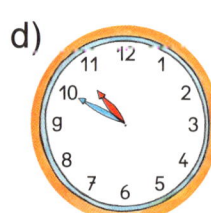

18. Geldgeschäfte

1 Wie rechnet Aron? Erkläre.

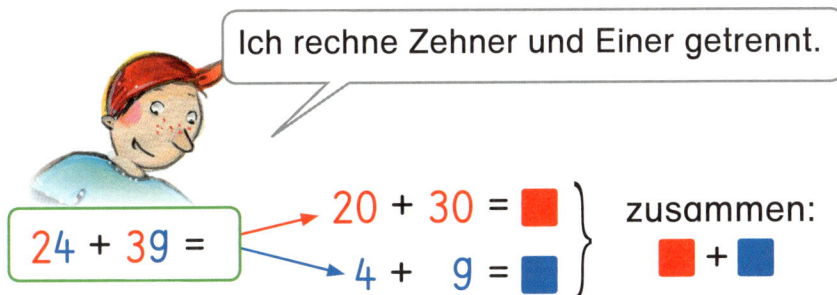

Ich rechne Zehner und Einer getrennt.

24 + 39 =

20 + 30 = ■
4 + 9 = ■

zusammen:
■ + ■

2 Rechne wie Aron.

a) 47 + 25 = ☐
40 + 20   7 + 5

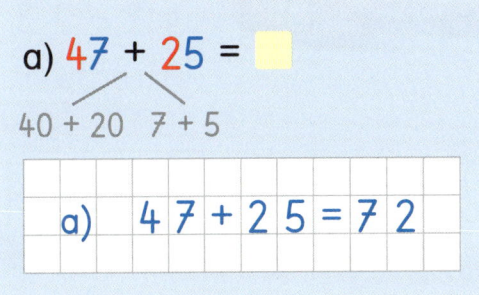

a)   4 7 + 2 5 = 7 2

b) 65 + 18 = ☐
60 + 10   5 + 8

c) 29 + 25 = ☐
20 + 20   9 + 5

d) 64 + 28 = ☐

e) 27 + 36 = ☐

f) 75 + 19 = ☐

3 Wie rechnet Nora? Ekläre.

24 + 39 =
30   9

24 + 30 = ☐☐
☐☐ + 9 = ☐☐
6   3

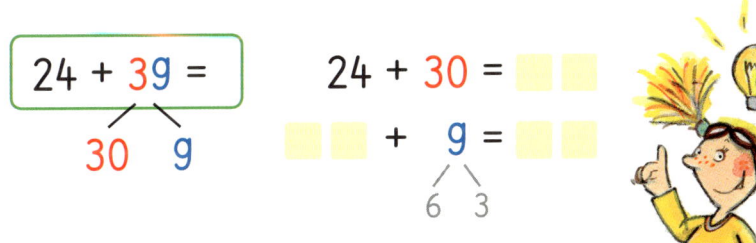

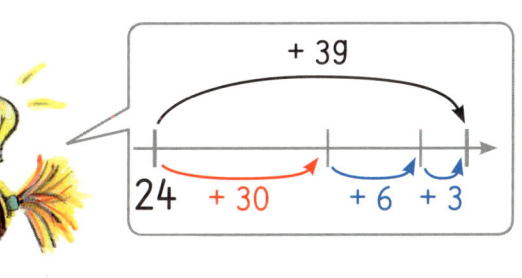

+ 39

24   + 30   + 6   + 3

4 Rechne.

28 + 30 = ☐   45 + 20 = ☐   57 + 10 = ☐   36 + 10 = ☐

28 + 34 = ☐   45 + 28 = ☐   57 + 18 = ☐   36 + 16 = ☐

5 Rechne und kontrolliere selbst die Ergebnisse.

65 + 17 = ☐   19 + 36 = ☐   36 + 47 = ☐   52 + 38 = ☐

78 + 22 = ☐   26 + 54 = ☐   51 + 19 = ☐   76 + 16 = ☐

26 + 66 = ☐   43 + 28 = ☐   35 + 18 = ☐   19 + 55 = ☐

Lösungen: 53 55 70 71 74 80 82 83 90 92 92 100

Plusrechnen üben den Zehner: Rechenstrategien

18. Geldgeschäfte

1 Wie viel Geld bleibt in den Sparschweinen?
Lege und rechne.

a) Lucas hat 42 €.
   Er nimmt 23 € heraus.

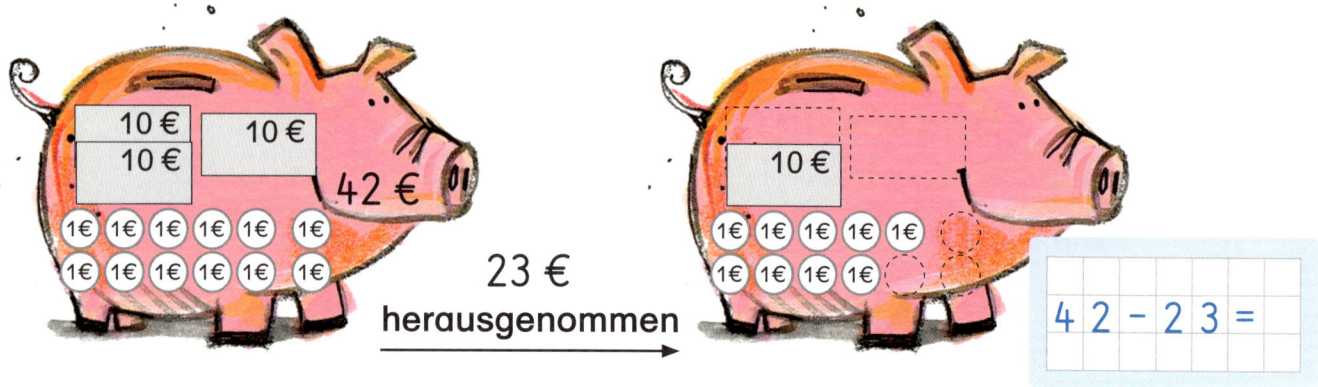

23 €
herausgenommen

$$4\ 2\ -\ 2\ 3\ =$$

b) Tina hat 51 €.
   Sie nimmt 32 € heraus.

Einen Zehner habe ich in
zehn Einer gewechselt.

c) Anna hat 62 €.
   Sie nimmt 48 € heraus.

d) Iris hat 35 €.
   Sie nimmt 18 € heraus.

f) Elisa hat 83 €.
   Sie nimmt 39 € heraus.

e) Mike hat 74 €.
   Er nimmt 26 € heraus.

g) David hat 50 €.
   Er nimmt 17 € heraus.

2 Erfinde selbst Rechengeschichten zu folgenden Rechnungen.

| 68 € – 35 € | 90 € – 12 € | 23 € – 23 € | 41 € – 15 € |

Bleib in Form!

3 Auf einen Blick: Erkenne die Zahlen.

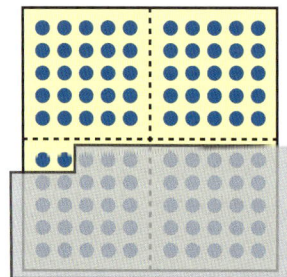 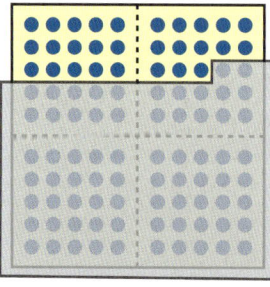 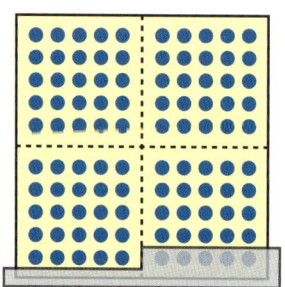 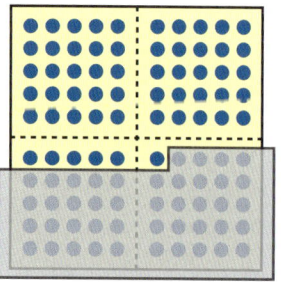

1 Wie rechnet Nora? Erkläre.

63 – 29 =
20   9

63 – 20 = ☐☐
☐☐ – 9 = ☐☐
3 6

– 29
– 6 – 3   – 20   63

2 Rechne wie Nora.

71 – 40 = ☐   85 – 30 = ☐   62 – 20 = ☐   53 – 10 = ☐
71 – 43 = ☐   85 – 38 = ☐   62 – 26 = ☐   53 – 15 = ☐

48 – 20 = ☐   54 – 30 = ☐   72 – 20 = ☐   91 – 10 = ☐
48 – 29 = ☐   54 – 37 = ☐   72 – 26 = ☐   91 – 14 = ☐

63 – 20 = ☐   46 – 20 = ☐   56 – 10 = ☐   60 – 10 = ☐
63 – 25 = ☐   46 – 28 = ☐   56 – 17 = ☐   60 – 15 = ☐

51 – 10 = ☐   42 – 10 = ☐   64 – 20 = ☐   43 – 20 = ☐
51 – 12 = ☐   42 – 14 = ☐   64 – 26 = ☐   43 – 28 = ☐

3 Rechne und kontrolliere selbst die Ergebnisse.

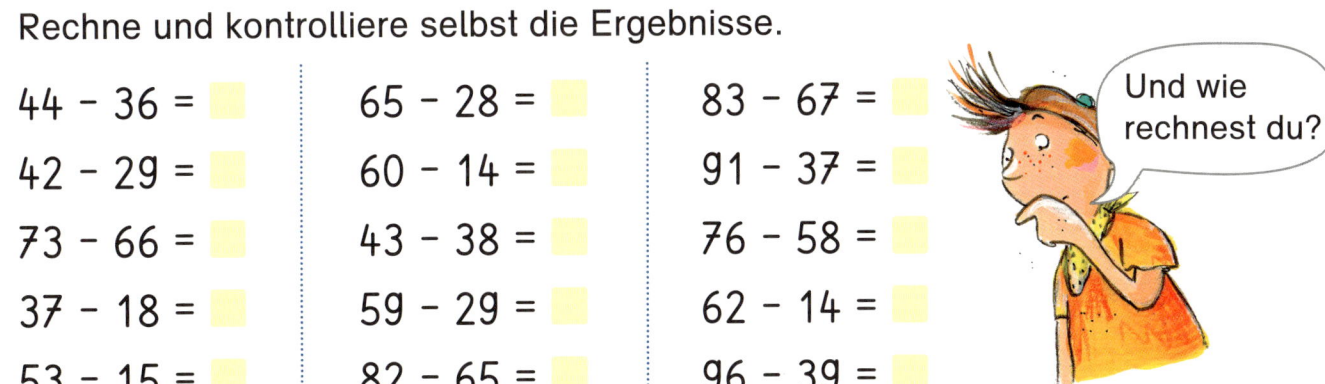

44 – 36 = ☐   65 – 28 = ☐   83 – 67 = ☐
42 – 29 = ☐   60 – 14 = ☐   91 – 37 = ☐
73 – 66 = ☐   43 – 38 = ☐   76 – 58 = ☐
37 – 18 = ☐   59 – 29 = ☐   62 – 14 = ☐
53 – 15 = ☐   82 – 65 = ☐   96 – 39 = ☐

Und wie rechnest du?

Lösungen: | 5 | 7 | 8 | 13 | 16 | 17 | 18 | 19 | 30 | 37 | 38 | 46 | 48 | 54 | 57 |

Minusrechnen über den Zehner: Rechenstrategien

18. Geldgeschäfte

1 Finde Fragen, rechne und schreibe die Antworten.

a) Berthold hat ein Sparbuch mit 45 €.
Heute zahlt er noch 23 € ein.

b) Susanne hat gerade 35 € von ihrem Sparbuch abgehoben.
Jetzt hat sie nur noch 18 € auf dem Sparbuch.

c) Egon möchte sich ein Radio kaufen. Das kostet 49 €.
Egon hat aber nur 36 €.

d) Herr Schütz kauft seiner Tochter Rollschuhe für 69 €.
Er bezahlt mit einem 100-€-Schein.

e) Familie Saglik geht ins Kino. Frau Saglik kauft 4 Karten für je 8 €.
Sie bezahlt mit einem 50-€-Schein.

f) Anton hat 15 € in seiner Geldbörse.
Auf seinem Sparbuch hat er doppelt so viel Geld.

g) Alev spart auf eine Uhr. Heute hat sie 5 € von ihrem Opa bekommen.
Jetzt fehlen ihr nur noch 17 €. Die Uhr kostet 79 €.

2 Gestalte gemeinsam mit anderen
Kindern ein Plakat.
Schneidet aus Werbeprospekten
verschiedene Dinge aus, ordnet sie
nach dem Preis und klebt sie auf.
Erstellt eine Tabelle.

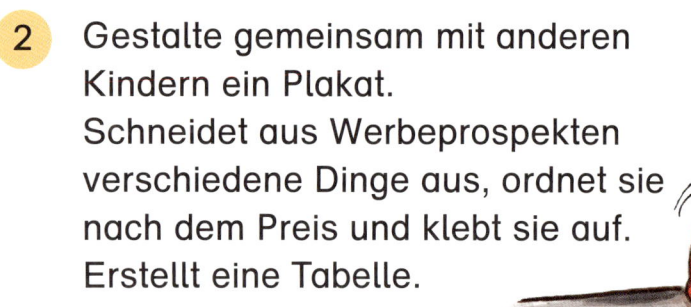

Bleib in form!

3 Auf einen Blick: Erkenne die Zahlen.

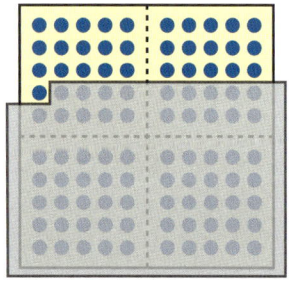
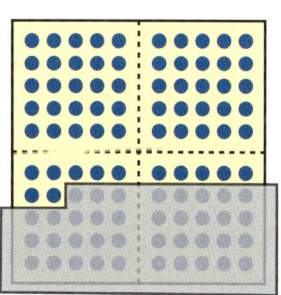
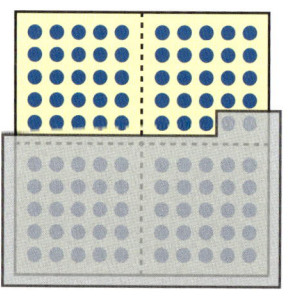
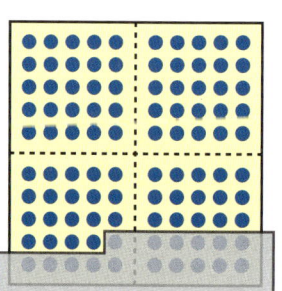

Sachrechnen mit Geld
2) TIPP Gestaltungsvorschläge ▶ LH

19. Geschickt Malrechnen

1 Die Kinder finden verschiedene Rechnungen zum Punktbild.
Erkläre die Rechnungen der Kinder.

2 Rechne. Nutze die Kernaufgaben.

2 · 8 = ☐	5 · 8 = ☐	5 · 8 = ☐	10 · 8 = ☐
3 · 8 = ☐	4 · 8 = ☐	6 · 8 = ☐	9 · 8 = ☐
		7 · 8 = ☐	8 · 8 = ☐

3 Rechne. Nutze die Verdoppelung.

3 · 4 = ☐	5 · 4 = ☐	7 · 4 = ☐	6 · 4 = ☐	9 · 4 = ☐
3 · 8 = ☐	5 · 8 = ☐	7 · 8 = ☐	6 · 8 = ☐	9 · 8 = ☐

4 ★ Finde möglichst viele Malrechnungen zu diesen Ergebnissen.
Vergleiche mit anderen Kindern.

8   24   32   80
   16   40   48   64

1 Partner- oder Klassenübung: Rechne mit Klappkarten!
Immer doppelt so viel: 2-mal, 4-mal, 8-mal.

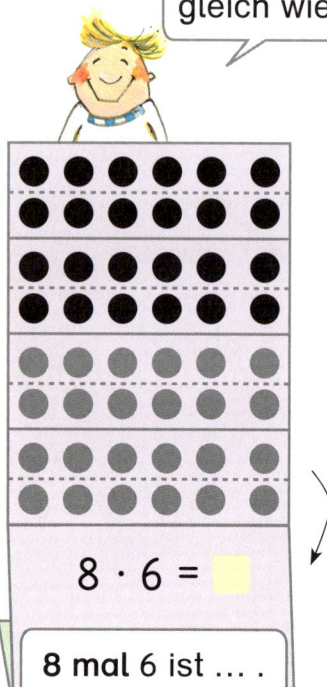

2 Rechne. Nutze die Verdoppelung.

2 · 4 =	2 · 5 =	2 · 7 =	2 · 8 =
4 · 4 =	4 · 5 =	4 · 7 =	4 · 8 =
8 · 4 =	8 · 5 =	8 · 7 =	8 · 8 =

3 Rechne. Was fällt dir auf?

3 · 2 =	3 · 4 =	3 · 7 =	3 · 8 =
6 · 2 =	6 · 4 =	6 · 7 =	6 · 8 =

Bleib in Form!

4 Wie heißen die markierten Zahlen?

a)   b)   c)   d)   e)

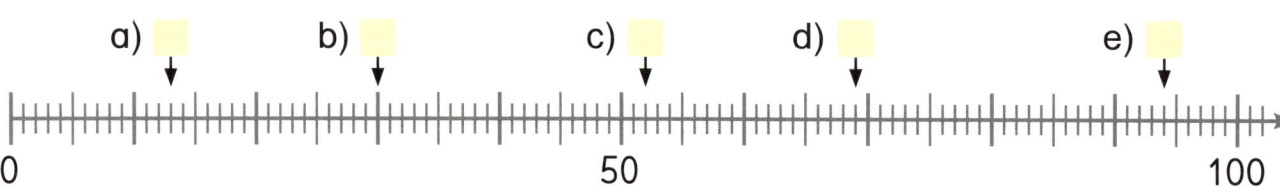

0   50   100

Malrechnen: Verdoppelung

19. Geschickt Malrechnen

1 Finde drei Malrechnungen zu jedem Bild.

a)
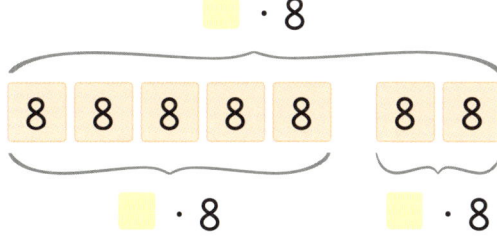

▢ · 8

8 8 8 8 8   8 8

▢ · 8   ▢ · 8

b)
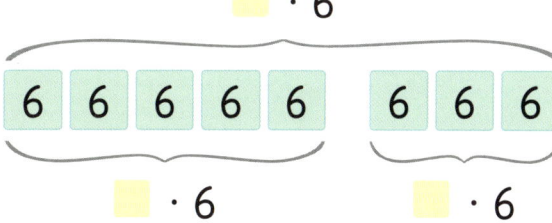

▢ · 6

6 6 6 6 6   6 6 6

▢ · 6   ▢ · 6

2 Rechne. Was fällt dir auf?

5 · 8 = ▢	5 · 8 = ▢	5 · 8 = ▢	10 · 8 = ▢
1 · 8 = ▢	2 · 8 = ▢	3 · 8 = ▢	1 · 8 = ▢
6 · 8 = ▢	7 · 8 = ▢	8 · 8 = ▢	9 · 8 = ▢

3 Zerlege die Malrechnungen und löse die Aufgaben.

a) 6 · 4
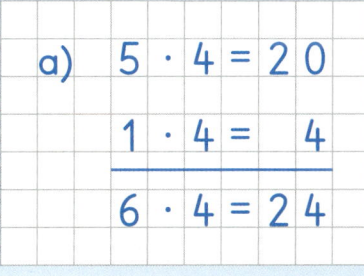

a) 5 · 4 = 2 0
   1 · 4 =   4
   6 · 4 = 2 4

b) 6 · 3   f) 7 · 4   j) 8 · 5
c) 6 · 6   g) 7 · 2   k) 8 · 8
d) 6 · 8   h) 7 · 6   l) 8 · 3
e) 6 · 5   i) 7 · 3   m) 8 · 6

4 Rechne und kontrolliere mit der Malaufgabe.

a) 24 : 8

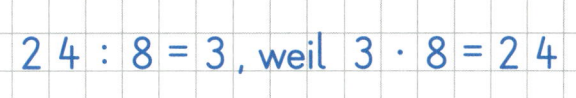

2 4 : 8 = 3, weil 3 · 8 = 2 4

b) 80 : 8   d) 35 : 5
c) 72 : 8   e) 40 : 5

5 Zeige die Zahlen.

Eine Zahl der 4er-Reihe, die größer ist als 20.

Eine Zahl der 8er-Reihe, die kleiner ist als 40.

2 4

Eine Zahl, die in der 6er und der 8er-Reihe ist.

Malrechnen: Zusammenhänge, Umkehraufgaben
5) Zahlenkartenspiele ▶ LH

19. Geschickt Malrechnen

1 Die Kinder haben die Aufgabe **3 · 9** mit Plättchen gelegt.
Schau dir das Bild an und erkläre ihre Rechenwege.

Rechenweg,
Tauschaufgabe,
Umkehraufgabe

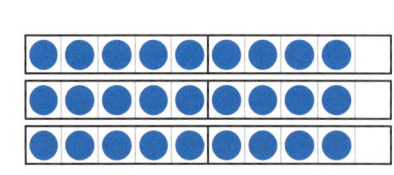

2 Schreibe die Rechnungen
der 9er-Reihe
als Malrechnungen
und als Minusrechnungen.

$1 \cdot 9 = 9$ $10 - 1 = 9$

$2 \cdot 9 = 18$ $20 - 2 = 18$

$3 \cdot 9 =$

3 Rechne.

$4 \cdot 10 = $ $6 \cdot 10 = $ $9 \cdot 10 = $ $7 \cdot 10 = $

$4 \cdot 9 = $ $6 \cdot 9 = $ $9 \cdot 9 = $ $7 \cdot 9 = $

4 Finde Malrechnungen zu diesen Zahlen.

$18 = \boxed{} \cdot 9$ $54 = \boxed{} \cdot 9$ $63 = \boxed{} \cdot 9$ $36 = \boxed{} \cdot 9$

$81 = \boxed{} \cdot 9$ $27 = \boxed{} \cdot 9$ $9 = \boxed{} \cdot 9$ $45 = \boxed{} \cdot 9$

Bleib in Form!

5 Ergänze die Zahlenmauern.

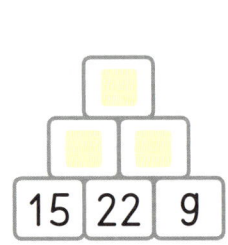
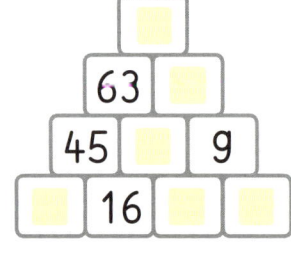
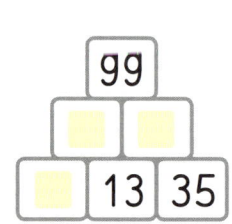
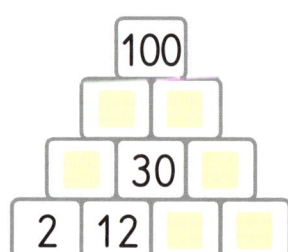

Malrechnen: 9er-Reihe

20. Schaubilder

1 Herr Zahlensack hat den Trollen Aufgaben gestellt.
Schau auf die Tafel und beantworte die Fragen.

Richtig oder falsch?

a) Alle Trolle können bis 100 zählen.

b) Zähne putzen ist für Trolle schwieriger als Nägel zu verbiegen.

c) Kein Troll kann seinen Namen schreiben.

d) Trolle können gut zeichnen.

e) Nur ein einziger Troll kann sich die Zähne putzen.

f) Weniger als 10 Trolle können bis 100 zählen.

g) Mehr als die Hälfte der Trolle kann ein rohes Ei essen.

h) Die leichteste Aufgabe für Trolle ist Zähneputzen.

2 Überlege dir, welche Aufgaben die Kinder deiner Klasse erfüllen sollen.
Mache eine Umfrage und gestalte ein Bild wie Herr Zahlensack.

Daten: Schaubilder
1) Eine Aufgabe ist nicht entscheidbar, da nicht aus dem Schaubild ablesbar.
2) Weitere Anregungen für Umfragen ▶ LH

97

20. Schaubilder

1 Die Trolle haben Obst gesammelt.
Das Schaubild zeigt, wie viel die Trolle gesammelt haben.

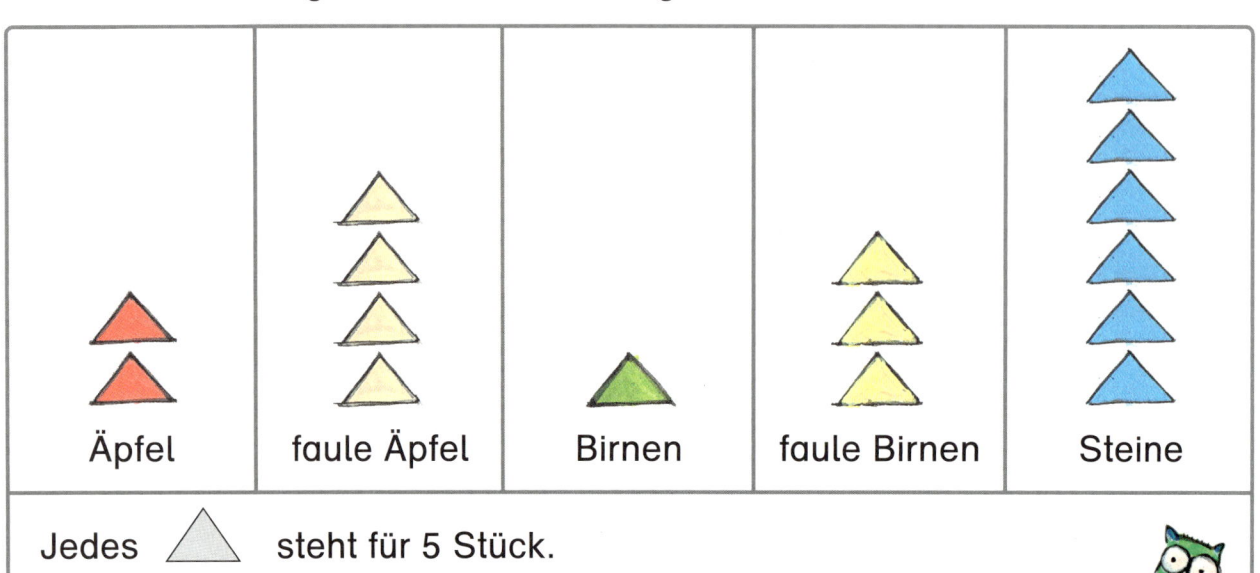

| Äpfel | faule Äpfel | Birnen | faule Birnen | Steine |

Jedes △ steht für 5 Stück.

a) Wofür steht ein △ ?

b) Wie viele Äpfel haben die Trolle gesammelt?

doppelt so viel,
halb so viel

c) Schreibe eine Liste mit der Anzahl der gesammelten Dinge.

d) Wovon haben die Trolle am meisten gesammelt?

e) Wovon haben die Trolle am wenigsten gesammelt?

f) Die Trolle haben ____ (doppelt/halb) so viele faule Äpfel gesammelt wie gute Äpfel.

g) Die Trolle haben ____ -mal so viele faule Birnen wie gute Birnen gesammelt.

Bleib in Form!

2 Rechne.

$38 + 14 = $ $49 + 24 = $ $50 - 18 = $ $73 - 46 = $

$65 + 28 = $ $76 + 18 = $ $90 - 25 = $ $61 - 35 = $

$19 + 15 = $ $33 + 29 = $ $100 - 34 = $ $92 - 67 = $

Daten: Schaubilder

20. Schaubilder

1   **Würfelexperiment**

Schreibe die Zahlen von 1 bis 12.
Wirf zwei Würfel und trage
das Ergebnis als Punkt ein.
Wirf mindestens 30 Mal.

- Welche Zahl hast du
  am häufigsten erreicht?

- Gibt es eine Zahl,
  die du nie erreicht hast?

- Gibt es Zahlen, die man gar
  nicht würfeln kann?

- Vergleiche deine Ergebnisse
  mit anderen Kindern.
  Was fällt dir auf?

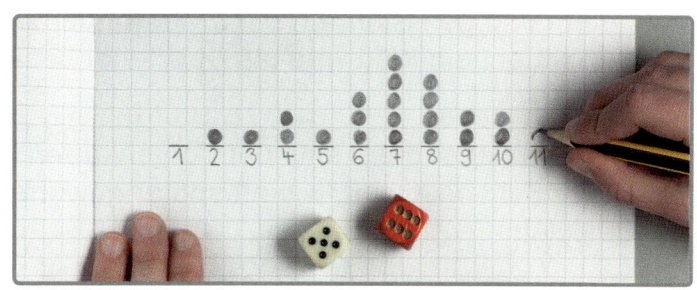

wahrscheinlich,
unwahrscheinlich,
sicher, möglich,
unmöglich

2   Wiederhole die Übung auch mit drei Würfeln.
Zeichne wieder eine Tabelle in dein Heft.

- Wie lautet die kleinste Zahl,
  die man mit 3 Würfeln erreichen kann?

- Wie lautet die größtmögliche Zahl?

- Vergleiche deine Ergebnisse mit anderen Kindern. Was fällt dir auf?

3   Was bedeuten diese Begriffe?
Finde Beispiele und sprich mit anderen Kindern darüber.

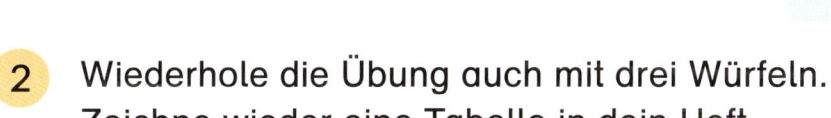

wahrscheinlich	sicher	möglich	unmöglich

Daten: Zufallsexperiment, Häufigkeit, Schaubilder

20. Schaubilder

1 Schätzspiel mit Würfeln

Ein Spiel für 2 – 4 Kinder.

Material:
Zahlenkarten 2, 3, 4, 5
Würfel
Papier und Stift

Vorbereitung:
Die Zahlenkarten werden verdeckt auf den Tisch gelegt und gemischt. Zwei bis vier Kinder können mitspielen, ein Kind wird als Spielleiter bestimmt.

1. Karte ziehen
Der Spielleiter dreht eine der Zahlenkarten um.
Diese Zahl bestimmt, wie oft später gewürfelt wird.
Beispiel:
4

2. Ergebnis schätzen
Jedes Kind schätzt,
wie viele Punkte später gewürfelt werden.
Beispiel:
Tom schätzt 11, Lea schätzt 13, Olaf schätzt 14.

Tom	Lea	Olaf
1 1	1 3	1 4

3. Würfeln
Jetzt würfelt der Spielleiter so oft,
wie die umgedrehte Zahlenkarte anzeigt.
Die gewürfelten Punkte werden zusammengezählt.
Beispiel:
4 Mal würfeln: 4 + 2 + 1 + 5 = 12

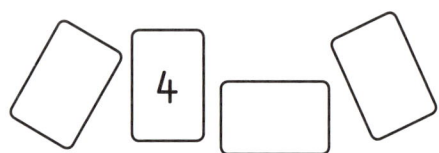

4. Gewinner ermitteln
Das Kind, das am besten geschätzt hat,
bekommt einen Punkt.
Haben mehrere Kinder gleich gut geschätzt,
bekommen sie alle einen Punkt.
Beispiel:
Tom und Lea haben am besten geschätzt.

Tom	Lea	Olaf
1 1 •	1 3 •	1 4

Bleib in Form!

2 Rechne.

$3 \cdot 9 = $ ☐ $5 \cdot 9 = $ ☐ $10 \cdot 9 = $ ☐ $9 \cdot 9 = $ ☐

$2 \cdot 9 = $ ☐ $7 \cdot 9 = $ ☐ $8 \cdot 9 = $ ☐ $6 \cdot 9 = $ ☐

Daten: Vorhersage von Wahrscheinlichkeiten

100

1 Rechne.

16 : 8 = ☐ , weil ☐ · 8 = 16   20 : 2 = ☐ , weil ☐ · 2 = 20

35 : 5 = ☐ , weil ☐ · 5 = 35   24 : 3 = ☐ , weil ☐ · 3 = 24

24 : 6 = ☐ , weil ☐ · 6 = 24   20 : 4 = ☐ , weil ☐ · 4 = 20

2 Lies die Sachaufgaben und rechne im Heft.

a) In der Klasse 2a sind 24 Kinder.
Bei einer Gruppenarbeit sollen immer 4 Kinder zusammen arbeiten.
Wie viele Gruppentische sind nötig?

b) Die Klasse 2b hat 18 Kinder.
Sie stellen sich in einer Zweierreihe an.
Wie viele Paare können gebildet werden?

c) Dorli ist blind.
Sie hat 6 Augenbinden für die 18 Kinder ihrer Klasse mitgebracht.
Jeden Tag darf eine Kindergruppe blind das Pausenbrot essen.
Wie viele Tage dauert es, bis alle Kinder an der Reihe waren?

d) In einem Schulbus sitzen 12 Mädchen und 6 Jungen.
Der Bus muss halten, weil ein Baum über der Straße liegt.
Wie viele Minuten werden die Kinder zu spät in die Schule kommen?

e) Bei einem Sportfest spielen 48 Kinder Volleyball.
Eine Volleyballmannschaft besteht aus 6 Kindern.
Wie viele Mannschaften können sie bilden?

3 Drei Zahlen, vier Aufgaben.

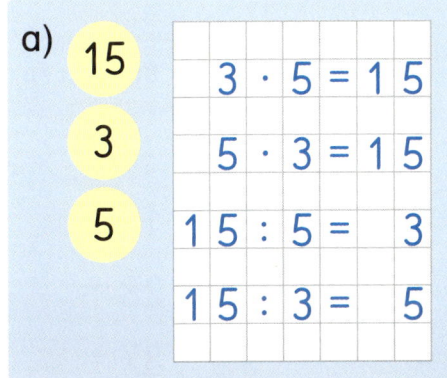

a) 15, 3, 5

3 · 5 = 1 5
5 · 3 = 1 5
1 5 : 5 = 3
1 5 : 3 = 5

b)  3, 6, 18

c)  6, 8, 48

d)  5, 9, 45

e)  4, 8, 32

Wiederholung: Malrechnen, Umkehraufgaben, Sachrechnen

21. Das kann ich schon!

1 Welche Zeiten zeigen diese Uhren?

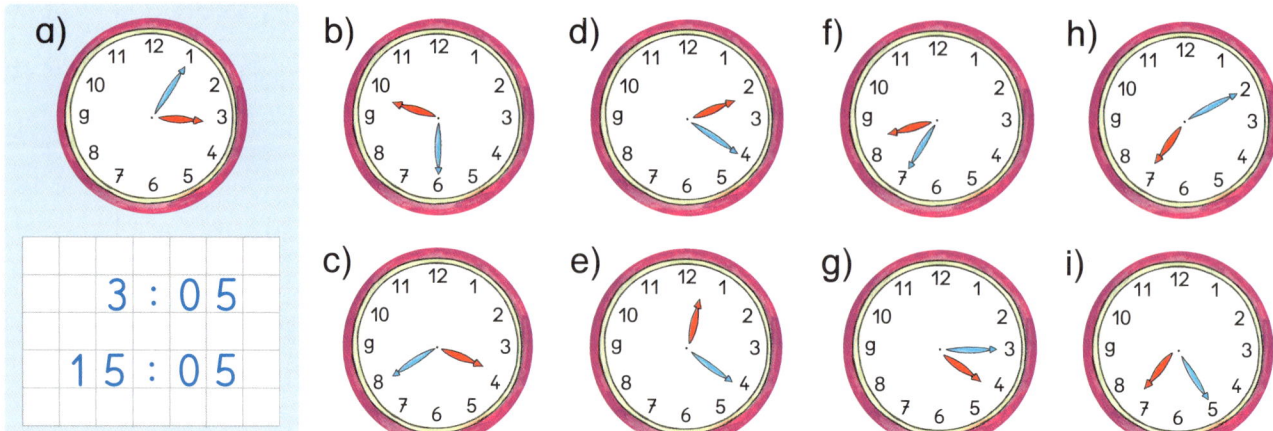

a)

$3:05$

$15:05$

b) c) d) e) f) g) h) i)

2 Ergänze immer auf eine Stunde.

17 min

$17\ \text{min} + 43\ \text{min} = 1\ h$

| 25 min | 49 min | 53 min |

| 32 min | 14 min | 28 min |

3 Wie lang sind diese Stifte? Miss mit dem Lineal.

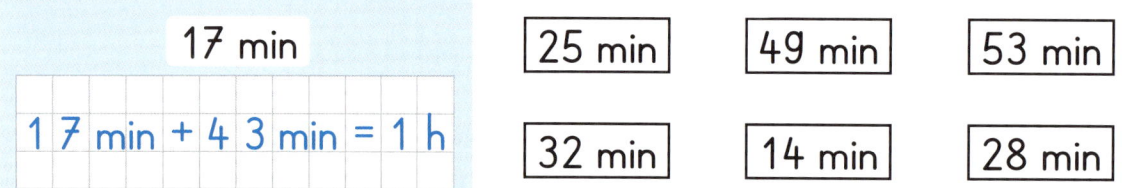

a)

b)

c)

d)

Bleib in Form!

4 Rechne.

$35 + 8 =$ ☐ $67 + 25 =$ ☐ $52 - 4 =$ ☐ $81 - 15 =$ ☐

$47 + 3 =$ ☐ $39 + 16 =$ ☐ $70 - 9 =$ ☐ $46 - 28 =$ ☐

$86 + 5 =$ ☐ $28 + 45 =$ ☐ $84 - 6 =$ ☐ $92 - 37 =$ ☐

Wiederholung: Uhrzeit, Stunden, Minuten, Längen messen

21. Das kann ich schon!

1 Rechne.

$35 + 10 = $ ☐ $47 + 30 = $ ☐ $28 + 20 = $ ☐ $18 + 30 = $ ☐

$35 + 18 = $ ☐ $47 + 36 = $ ☐ $28 + 25 = $ ☐ $18 + 33 = $ ☐

2 Rechne und kontrolliere selbst die Lösungen.

$24 + 31 = $ ☐ $73 + 19 = $ ☐ $64 + 30 = $ ☐ $51 + 29 = $ ☐

$57 + 28 = $ ☐ $26 + 47 = $ ☐ $37 + 34 = $ ☐ $28 + 25 = $ ☐

$65 + 16 = $ ☐ $41 + 25 = $ ☐ $56 + 27 = $ ☐ $28 + 44 = $ ☐

Lösungen: 53 55 66 71 72 73 80 81 83 85 92 94

3 Rechne.

$65 - 40 = $ ☐ $82 - 30 = $ ☐ $46 - 20 = $ ☐ $51 - 10 = $ ☐

$65 - 46 = $ ☐ $82 - 35 = $ ☐ $46 - 29 = $ ☐ $51 - 14 = $ ☐

4 Rechne und kontrolliere selbst die Lösungen.

$55 - 38 = $ ☐ $40 - 13 = $ ☐ $96 - 35 = $ ☐ $67 - 18 = $ ☐

$74 - 50 = $ ☐ $76 - 49 = $ ☐ $81 - 64 = $ ☐ $90 - 26 = $ ☐

$88 - 61 = $ ☐ $94 - 36 = $ ☐ $75 - 23 = $ ☐ $83 - 45 = $ ☐

Lösungen: 17 17 24 27 27 27 38 49 52 58 61 64

5 Ergänze die Zahlenmauern.

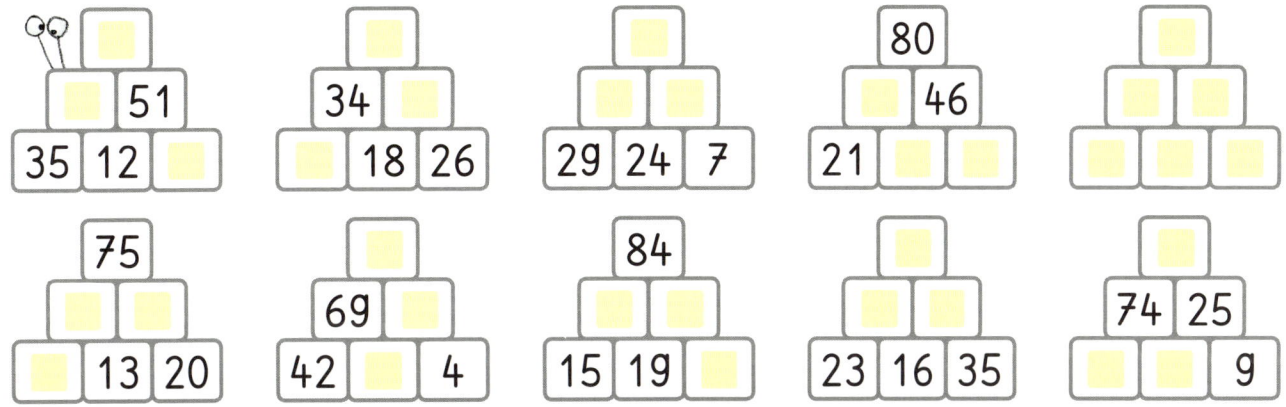

1 Die Kinder der 2a und 2b wollen einen Ausflug machen.
Das Schaubild zeigt, wofür die Kinder gestimmt haben.
Beantworte die Fragen.

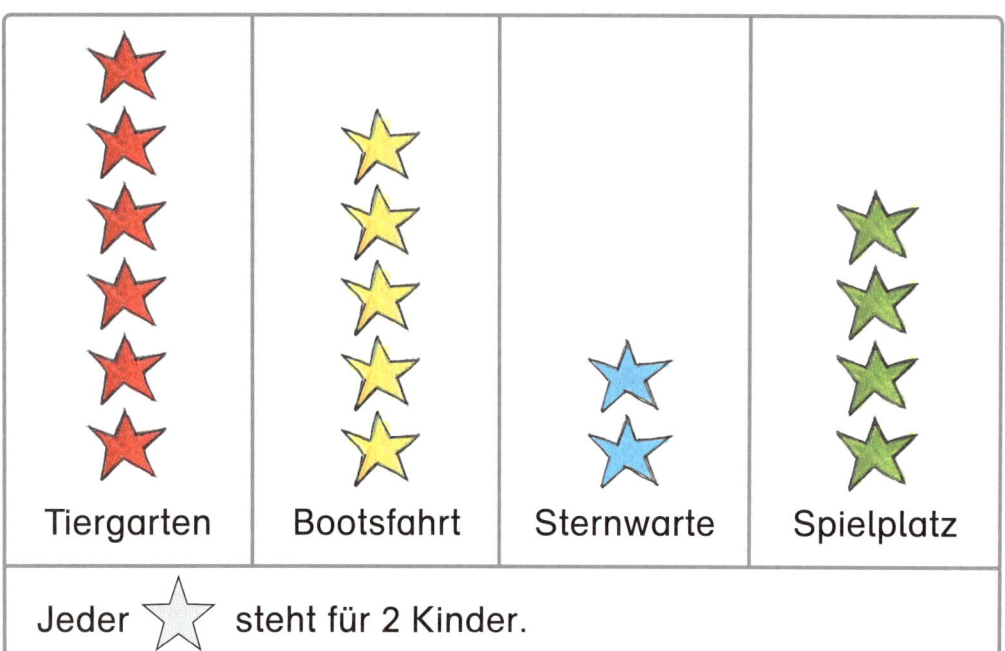

| Tiergarten | Bootsfahrt | Sternwarte | Spielplatz |

Jeder ⭐ steht für 2 Kinder.

a) Wofür steht ein ⭐ ?

b) Welches Ausflugsziel ist am beliebtesten?

c) Wie viele Kinder haben für die Sternwarte gestimmt?

d) Wie viele Kinder haben an der Abstimmung teilgenommen?

Bleib in Form!

2 Malreihen-Bingo.

6er-Reihe

42	36	24
12	6	48
18	30	60

7er-Reihe

7	42	63
35	14	56
28	49	21

8er-Reihe

80	48	40
8	32	56
16	24	64

Wiederholung: Schaubilder

1 Drei Zahlen, vier Aufgaben.

a)
8
3
24

$8 \cdot 3 = 24$
$3 \cdot 8 = 24$
$24 : 8 = 3$
$24 : 3 = 8$

b) 6 9 54

d) 5 8 40

c) 7 6 42

e) 3 9 27

2 Rechne. Was fällt dir auf?

$2 \cdot 4 = \square$ $2 \cdot 7 = \square$ $2 \cdot 6 = \square$ $2 \cdot 8 = \square$

$4 \cdot 4 = \square$ $4 \cdot 7 = \square$ $4 \cdot 6 = \square$ $4 \cdot 8 = \square$

3 Rechne. Nutze die Kernaufgaben

$2 \cdot 5$ $10 \cdot 5$ $10 \cdot 5$ $5 \cdot 5$ $5 \cdot 5$ $5 \cdot 5$
$3 \cdot 5$ $9 \cdot 5$ $8 \cdot 5$ $4 \cdot 5$ $6 \cdot 5$ $7 \cdot 5$

$2 \cdot 6$ $10 \cdot 6$ $10 \cdot 6$ $5 \cdot 6$ $5 \cdot 6$ $5 \cdot 6$
$3 \cdot 6$ $9 \cdot 6$ $8 \cdot 6$ $4 \cdot 6$ $6 \cdot 6$ $7 \cdot 6$

4 Rechne. Was fällt dir auf?

$5 \cdot 6 = \square$ $5 \cdot 6 = \square$ $5 \cdot 6 = \square$ $10 \cdot 6 = \square$

$1 \cdot 6 = \square$ $2 \cdot 6 = \square$ $3 \cdot 6 = \square$ $1 \cdot 6 = \square$
_____   _____   _____   _____
$6 \cdot 6 = \square$ $7 \cdot 6 = \square$ $8 \cdot 6 = \square$ $9 \cdot 6 = \square$

5 Rechne. Was fällt dir auf?

$2 \cdot 4 = \square$ $1 \cdot 4 = \square$ $5 \cdot 4 = \square$ $4 \cdot 8 = \square$

$4 \cdot 4 = \square$ $3 \cdot 4 = \square$ $7 \cdot 4 = \square$ $6 \cdot 8 = \square$

$8 \cdot 4 = \square$ $5 \cdot 4 = \square$ $9 \cdot 4 = \square$ $8 \cdot 8 = \square$

Wiederholung: Malrechnen, Umkehraufgaben, Kernaufgaben

Knobelaufgabe

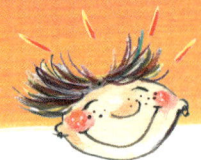

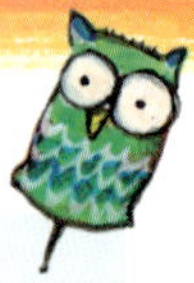

Zielstein
Grundstein

★ Überlege, wie du die Knobelaufgabe lösen kannst.
Sprich mit anderen Kindern darüber.

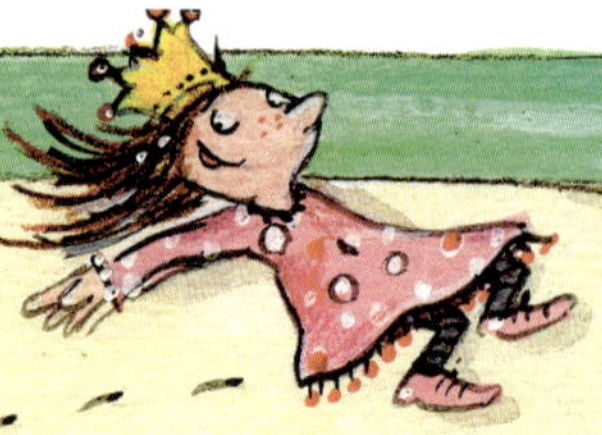

Spiele mit der Zahlenmauer

Zeichne die Zahlenmauer in dein Heft. Setze die Zahlen 1 bis 5 in die Grundsteine ein.
Die Reihenfolge kannst du bestimmen.
Rechne die Zahl im Zielstein aus.

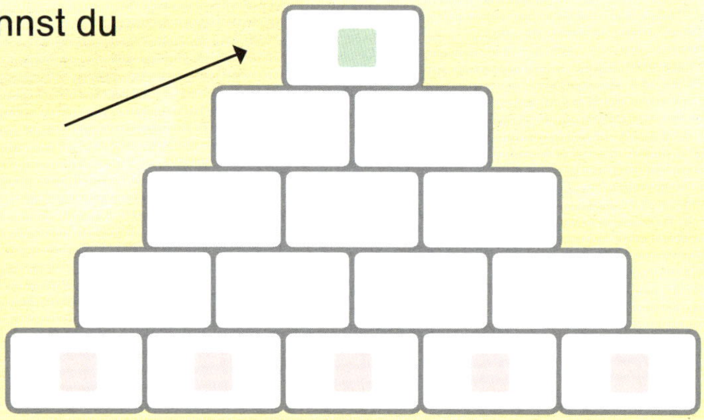

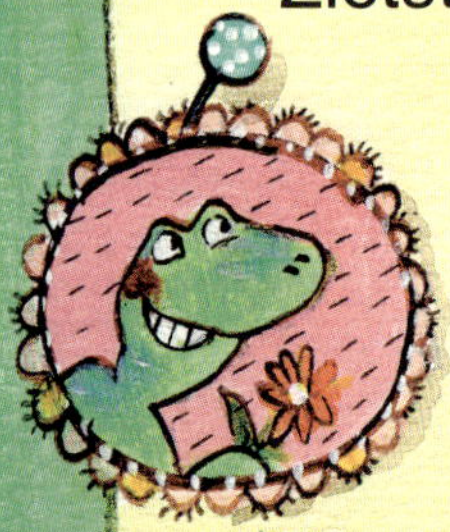

1 Beantworte folgende Fragen:

a) Wie heißt die größte Zahl, die im Zielstein stehen kann?

b) Wie heißt die kleinste Zahl, die im Zielstein stehen kann?

c) Schreibe alle Zahlen auf, die im Zielstein stehen können. Wie viele sind es?

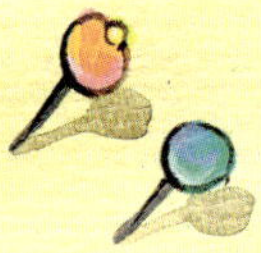

2 Vergleiche deine Ergebnisse mit anderen Kindern.

3 Sprich mit anderen Kindern darüber, wann die Zahl im Zielstein am größten oder am kleinsten ist.

Knobelaufgabe: TIPP für die Durchführung in der Klasse ▶ LH

22. Zahlenstrahl

1 Schätze, wie viele Glassteine auf der Decke liegen.
Was meinst du, sind es mehr oder weniger als 20?

schätzen,
mindestens,
höchstens

2 Schätze diese Mengen. Erkläre, wie du vorgegangen bist.

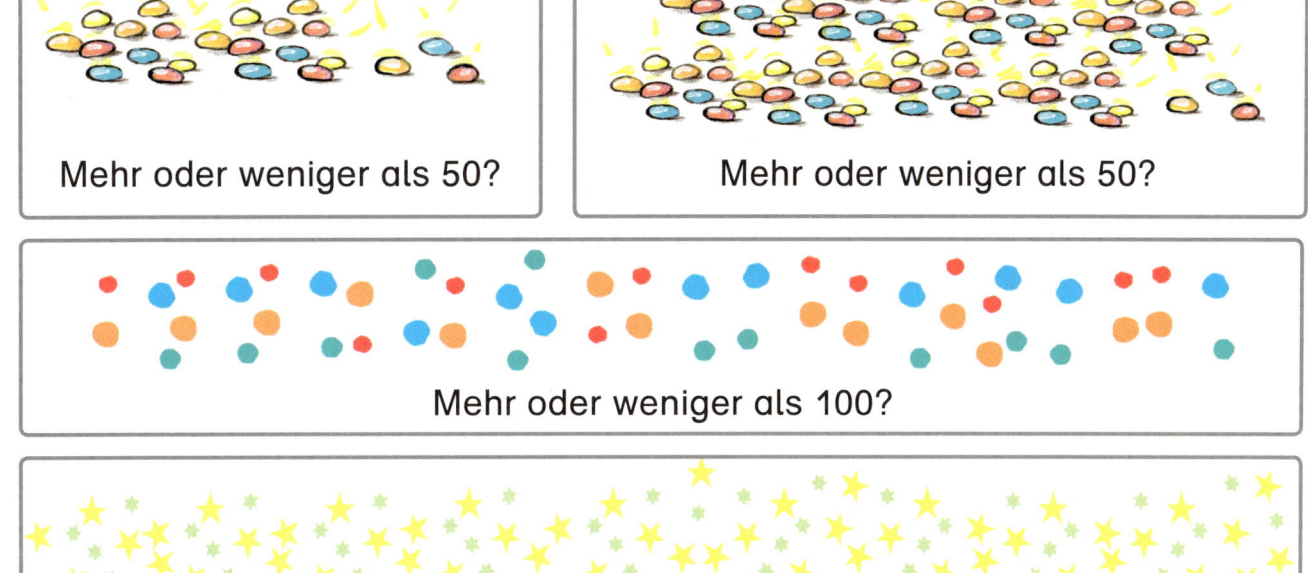

| Mehr oder weniger als 50? | Mehr oder weniger als 50? |

Mehr oder weniger als 100?

Mehr oder weniger als 70?

Schätzen im Zahlenraum 100
1) Abenteuergeschichte ▶ LH
2) Die Kinder verwenden zum Schätzen Gruppierungen und deren Vielfache. Varianten von Schätzspielen ▶ LH

107

22. Zahlenstrahl

1 Beschreibe, wo die Zahlen auf dem Zahlenstrahl liegen.

0   10   20   30   40   50   60   70   80   90   100

| 62 |

62 liegt *zwischen* 60 und 70.
62 liegt *nahe bei* 60.

zwischen, nahe bei

| 31 | | 96 | | 73 | | 69 |

| 19 | | 23 | | 58 | | 42 | | 8 | | 84 | | 77 | | 91 |

2 Nenne die Zahlen und ihre Nachbarzehner. Schreibe eine Tabelle.

0   10   20   30   40   50   60   70   80   90   100

a)   b)   c)   d)   e)

NZ Nachbarzehner

	NZ	Zahl	NZ
a)	1 0	1 5	2 0
b)			

3 Nenne die Nachbarzehner dieser Zahlen.

12   86   43   57   22   69

Bleib in Form!

4 Rechne. Was fällt dir auf?

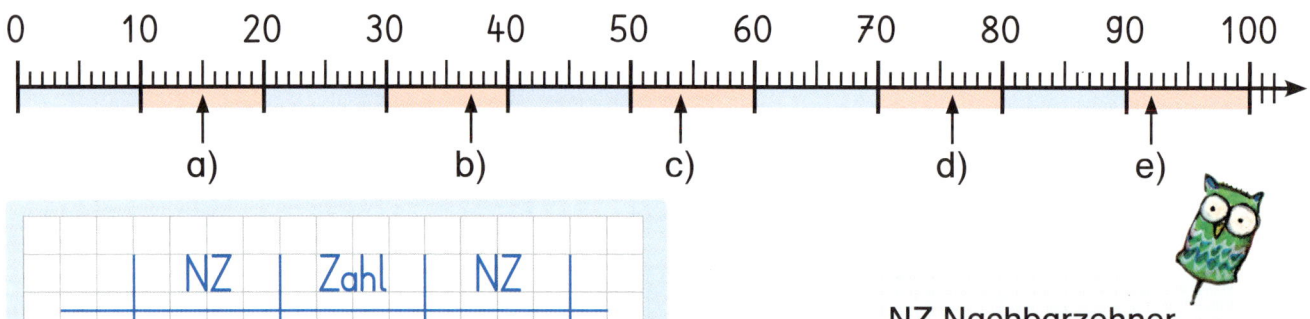

12 : 2 = ☐   8 : 2 = ☐   16 : 2 = ☐   20 : 2 = ☐

12 : 4 = ☐   8 : 4 = ☐   16 : 4 = ☐   20 : 4 = ☐

22. Zahlenstrahl

1 Schätze die Ergebnisse dieser Rechnungen.
In welchem Bereich des Zahlenstrahls liegen sie?

a) 50 + 15

a) B

b) 50 − 15
c) 47 + 34

d) 92 − 14
e) 75 − 68

f) 32 + 8
g) 18 + 75

Wie gehst du vor?

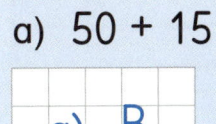

2 Schätze die Ergebnisse dieser Rechnungen.
In welchem Bereich des Zahlenstrahls liegen sie?

a) 25 − 11
b) 75 + 9

c) 52 − 14
d) 52 − 39

e) 100 − 16
f) 78 + 21

g) 19 + 19
h) 35 − 20

3 Schätze die Ergebnisse dieser Rechnungen.
In welchem Bereich des Zahlenstrahls liegen sie?

a) Das Doppelte von 20.

b) Das Doppelte von 8.

c) Das Doppelte von 28.

d) Das Doppelte von 45.

e) Die Hälfte von 30.

f) Die Hälfte von 94.

g) Die Hälfte von 38.

h) Die Hälfte von 62.

Zahlenraum 100: Orientierung auf dem Zahlenstrahl

1 Schneckenbeobachtung.
Cedric und seine Freunde haben vier Tage lang eine Schnecke beobachtet und gemessen, wie weit sie gekrochen ist.

Skizze, Tabelle, Schaubild

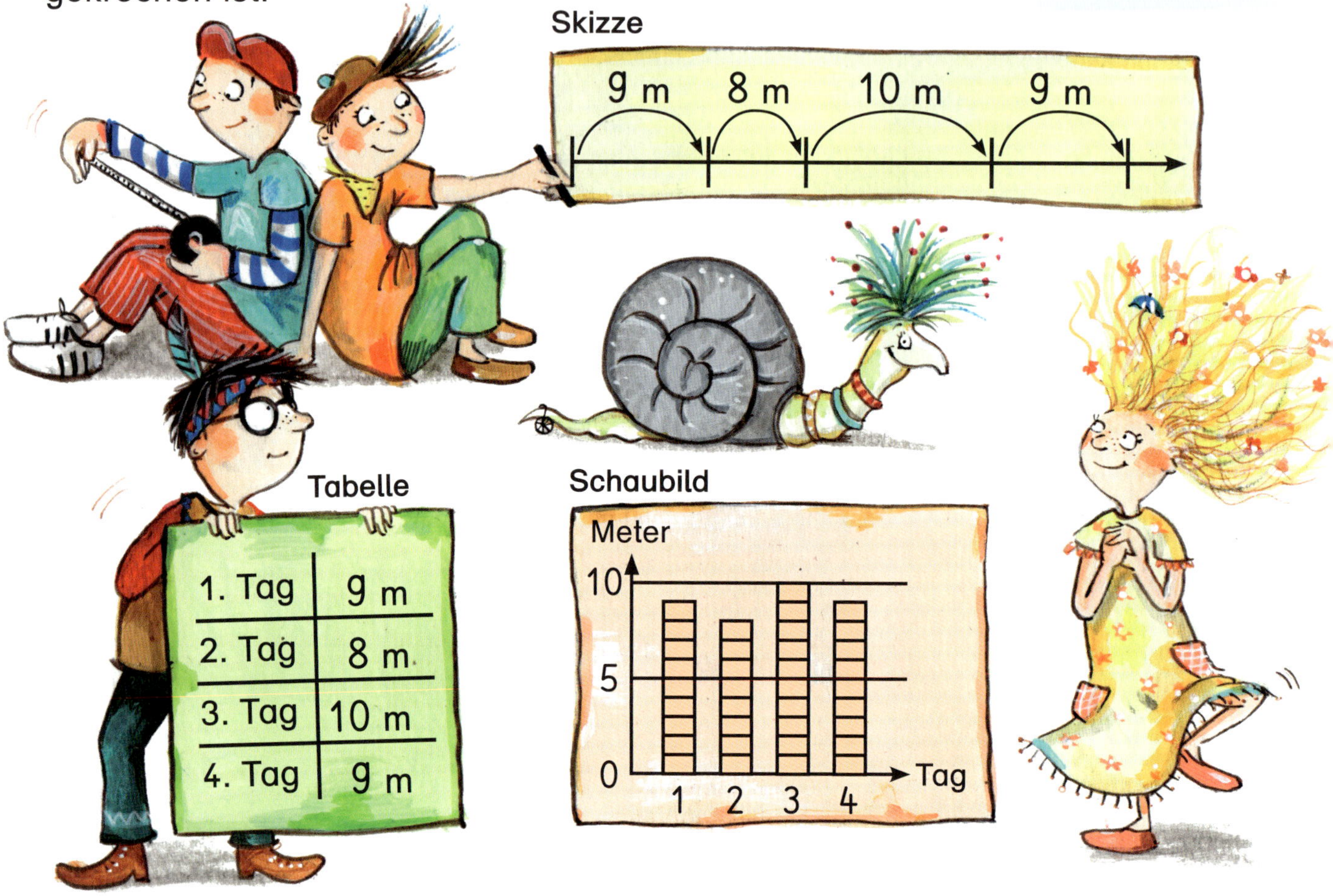

Skizze

9 m 8 m 10 m 9 m

Tabelle

1. Tag	9 m
2. Tag	8 m
3. Tag	10 m
4. Tag	9 m

Schaubild

Meter

10

5

0

1 2 3 4 Tag

a) Welche Darstellung gefällt dir am besten? Warum?

b) An welchem Tag ist die Schnecke am weitesten gekommen?

c) An welchem Tag ist die Schnecke am wenigsten weit gekommen?

d) Wie weit ist die Schnecke insgesamt gekrochen?

Bleib in Form!

2 Ergänze die Zahlenmauern.

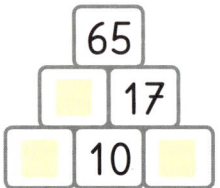
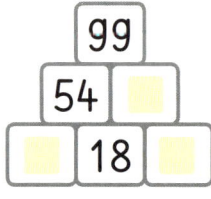
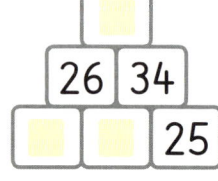
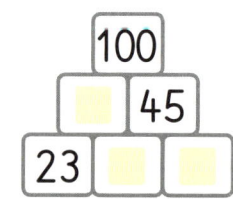
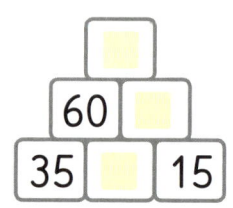

23. Skizzen und Tabellen

1 Lea hat eine Schnecke beobachtet und eine Skizze angefertigt.
Stelle die Zahlen auch in einer Tabelle und in einem Schaubild dar.
Wie weit ist die Schnecke insgesamt gekommen?

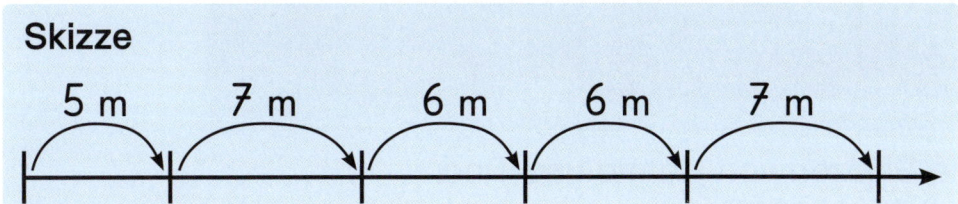

Skizze

5 m 7 m 6 m 6 m 7 m

2 Uwe hat eine Tabelle
angefertigt. Stelle die Zahlen
auch in einer Skizze und in
einem Schaubild dar.
Wie weit ist die Schnecke
insgesamt gekommen?

Tabelle

1. Tag	8 m
2. Tag	10 m
3. Tag	10 m
4. Tag	7 m
5. Tag	9 m

3 Kerstin hat vier Stunden lang
gemessen, wie weit ihre Schildkröte
gekrochen ist. Stelle die Zahlen in
einer Tabelle dar und rechne aus,
wie weit sie insgesamt gekommen ist.

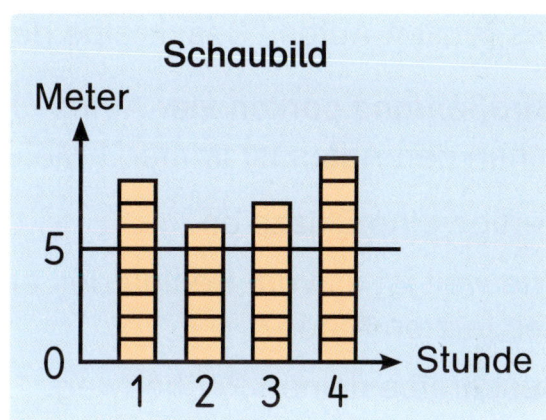

Schaubild

Meter

5

0   1   2   3   4   Stunde

4 Eine Schnecke ist in einen Brunnen gefallen.
Der Brunnen ist 20 Meter tief.
Die Schnecke kriecht jeden Tag
5 Meter nach oben.
In der Nacht, wenn die Schnecke schläft,
rutscht sie wieder 2 Meter nach unten.

Am wievielten Tag erreicht die Schnecke
den oberen Rand des Brunnens?

Beschreibe, wie du die Aufgabe gelöst hast.
Vielleicht hilft dir eine Skizze.

Darstellungen: Skizzen, Tabellen und Schaubilder

111

23. Skizzen und Tabellen

1 Am Straßenrand parken drei Autos. Jedes Auto ist 4 Meter lang.
Zwischen den Autos ist immer 1 Meter Platz.

a) Vergleiche die Skizzen von Hanna und Tina.
Finde Vor- und Nachteile.

Hanna	Tina

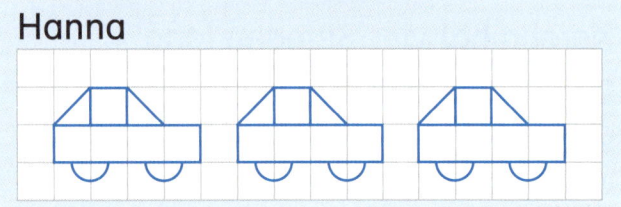 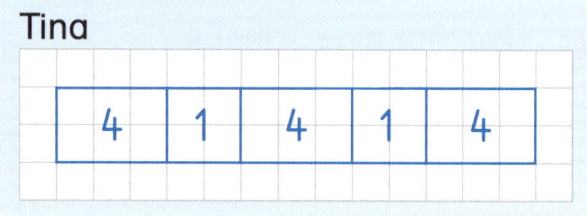

b) Wie weit ist es vom Beginn des ersten Autos bis zum Ende
des letzten Autos? Beschreibe deinen Rechenweg.

2 Am Straßenrand parken vier Autos. Jedes Auto ist 5 Meter lang.
Zwischen den Autos ist immer 1 Meter Platz.

a) Fertige eine Skizze an.

b) Wie weit ist es vom Beginn des ersten Autos bis zum Ende
des letzten Autos?

c) Beschreibe deinen Rechenweg.

3 Ein Traktor hat zwei Anhänger.
Der Traktor ist 6 Meter lang,
jeder Anhänger misst 8 m.

a) Fertige eine Skizze an.

b) Wie lang ist das gesamte Gefährt?

c) Beschreibe deinen Rechenweg.

Bleib in Form!

4 Finde die gesuchten Zahlen.

a) Der Vorgänger von 73 lautet ☐ .

c) Der Vorgänger von 68 lautet ☐ .

b) Der Nachfolger von 59 lautet ☐ .

d) Der Nachfolger von 27 lautet ☐ .

Darstellungen: Skizzen zu Sachaufgaben, Rechenwege

23. Skizzen und Tabellen

1 Zeige mit Balkenmodellen, wie du von den Kernaufgaben zu anderen Malrechnungen kommst.

a) Zeichne oben: $5 \cdot 7$
darunter: $6 \cdot 7$

b) Zeichne oben: $2 \cdot 7$
darunter: $3 \cdot 7$

c) Zeichne oben: $10 \cdot 7$
darunter: $9 \cdot 7$

a) $5 \cdot 7$ | 7 | 7 | 7 | 7 | 7 | $+7 \rightarrow$

b) $6 \cdot 7$ | 7 | 7 | 7 | 7 | 7 | 7

2 Rechne. Nutze die Kernaufgaben.

$2 \cdot 7 = \square$
$3 \cdot 7 = \square$

$5 \cdot 7 = \square$
$4 \cdot 7 = \square$

$5 \cdot 7 = \square$
$6 \cdot 7 = \square$
$7 \cdot 7 = \square$

$10 \cdot 7 = \square$
$9 \cdot 7 = \square$
$8 \cdot 7 = \square$

3 Drei Zahlen, vier Aufgaben.

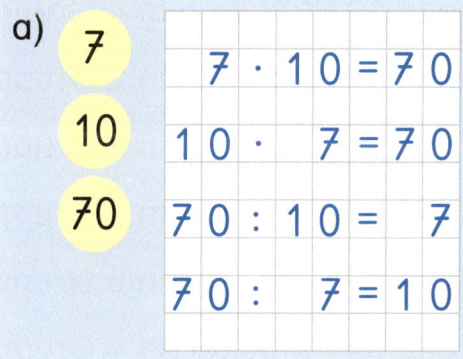

a) 7, 10, 70

$7 \cdot 10 = 70$
$10 \cdot 7 = 70$
$70 : 10 = 7$
$70 : 7 = 10$

b) 7, 3, 21

c) 7, 8, 56

d) 4, 7, 28

e) 2, 7, 14

4 Die sieben Zwerge gehen einkaufen.
Rechne aus, wie viel sie insgesamt kaufen müssen.

Jeder Zwerg soll
a) drei neue Bleistifte
b) fünf Murmeln
c) acht Luftballons
d) sechs Buntstifte
bekommen.

Darstellungen: Balkenmodelle, 7er-Reihe
1) Anleitungen zur Verwendung von Balkenmodellen ▶ LH

24. Teilen mit Rest

aufteilen, Rest

1 Gianni hat Plätzchen gebacken und teilt sie gerecht auf.
Wie viele Plätzchen von jeder Sorte bekommt jedes Kind?
Wie viele Plätzchen von jeder Sorte bleiben übrig? Arbeite mit Legematerial.

Alle bekommen 3 Plätzchen.

1 Plätzchen bleibt als Rest.

2 Lege und rechne.

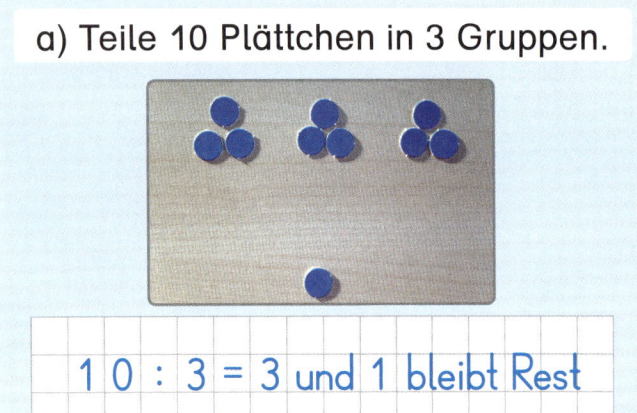

a) Teile 10 Plättchen in 3 Gruppen.

10 : 3 = 3 und 1 bleibt Rest

b) Teile 10 Plättchen in 4 Gruppen.

c) Teile 10 Plättchen in 2 Gruppen.

d) Teile 13 Plättchen in 3 Gruppen.

e) Teile 13 Plättchen in 2 Gruppen.

f) Teile 12 Plättchen in 5 Gruppen.

g) Teile 15 Plättchen in 4 Gruppen.

h) Teile 16 Plättchen in 3 Gruppen.

Bleib in Form!

3 Ergänze die Zahlenmauern.

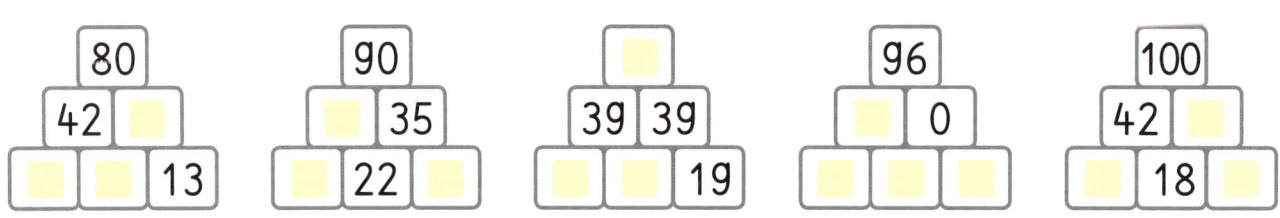

	80	
42		
		13

	90	
	35	
	22	

39	39	
		19

	96	
	0	

	100	
42		
	18	

Aufteilen: Rest

24. Teilen mit Rest

1 Immer 5 Zwiebeln werden in einem Netz zusammengefasst.
Wie viele Netze werden gefüllt?
Wie viele Zwiebeln bleiben übrig?
Finde jeweils zwei Rechnungen.

a)
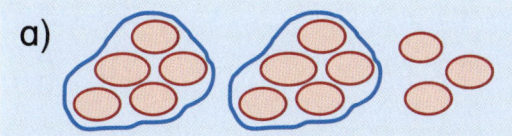

a) 2 Netze werden voll,

3 Zwiebeln bleiben übrig.

$2 \cdot 5 + 3 = 13$

$13 : 5 = 2$ und 3 bleiben Rest

b)
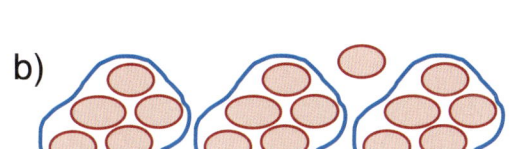

c)
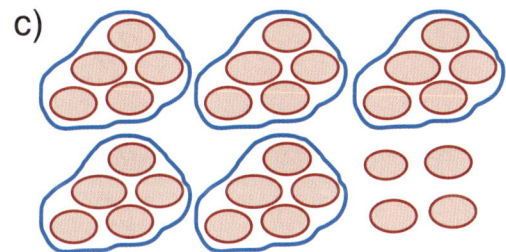

e)
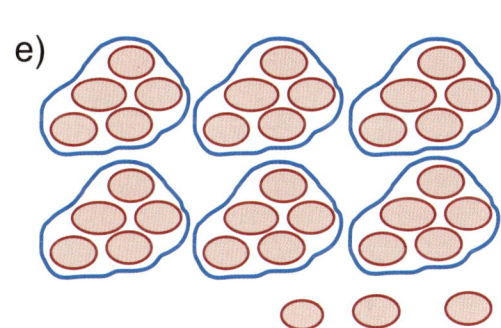

d)
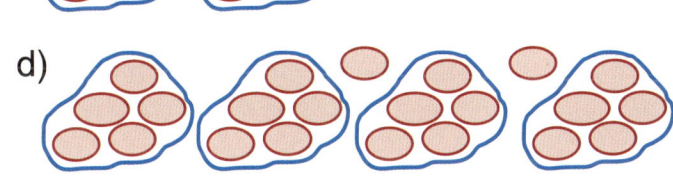

2 Torsten hat 32 Plättchen.

a) Wie viele T-Buchstaben kann er damit legen?

b) Wie viele Plättchen bleiben übrig?

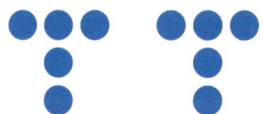

3 Lea hat 30 Plättchen.

a) Wie viele L-Buchstaben kann sie damit legen?

b) Wie viele Plättchen bleiben übrig?

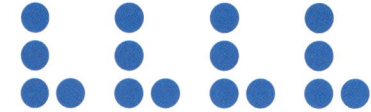

4 Mateo hat 33 Plättchen.

a) Wie viele M-Buchstaben kann er damit legen?

b) Wie viele Plättchen bleiben übrig?

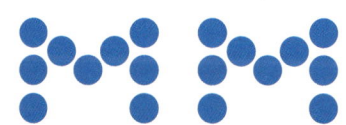

Aufteilen: Rest

115

24. Teilen mit Rest

1 Rechne und kontrolliere mit der Umkehraufgabe.

23 : 5 = ☐

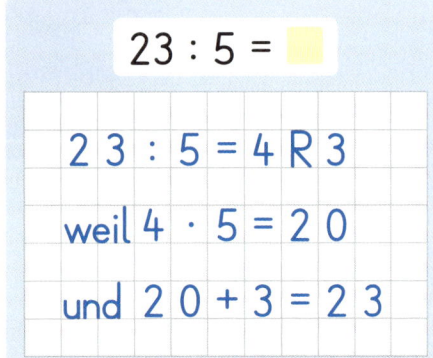

2 3 : 5 = 4 R 3

weil 4 · 5 = 2 0

und 2 0 + 3 = 2 3

Statt 4 und 3 bleibt Rest, schreibe die Kurzform: 4 R 3

26 : 5 = ☐   34 : 5 = ☐

41 : 5 = ☐   35 : 5 = ☐

12 : 5 = ☐   49 : 5 = ☐

6 : 5 = ☐   18 : 5 = ☐

2 Rechne. Wo bleibt ein Rest?

13 : 2 = ☐   15 : 3 = ☐   20 : 4 = ☐   34 : 5 = ☐

14 : 2 = ☐   16 : 3 = ☐   19 : 4 = ☐   35 : 5 = ☐

1 3 : 2 = 6 R 1   7 : 6 = ☐   70 : 7 = ☐   33 : 8 = ☐

1 4 : 2 = 7   6 : 6 = ☐   69 : 7 = ☐   32 : 8 = ☐

3 Rechne.

14 : 7 = ☐   20 : 3 = ☐   16 : 2 = ☐   24 : 8 = ☐

14 : 6 = ☐   20 : 4 = ☐   16 : 3 = ☐   24 : 9 = ☐

18 : 5 = ☐   28 : 7 = ☐   40 : 10 = ☐   36 : 5 = ☐

18 : 6 = ☐   28 : 8 = ☐   40 : 9 = ☐   36 : 6 = ☐

Bleib in Form!

4 Setze das Muster fort.

Anleitung: Muster:

1.   2.   3.

24. Teilen mit Rest

1   Löse die Aufgaben im Heft.
Denke daran, Antworten zu schreiben.

a)   Anita hat 10 Aufkleber. Sie teilt mit ihren Freundinnen Jutta und Hanna.
Wie viele Aufkleber bekommt jedes Mädchen?
Wie viele bleiben übrig?

b)   Onkel Sam schenkt seinen vier Neffen 15 Wasserbomben.
Die Jungen teilen gerecht.
Wie viele Wasserbomben bekommt jeder von ihnen?

c)   Fünf Piraten finden einen Schatz mit 42 Goldmünzen.
Sie teilen gerecht.
Was übrig bleibt, kommt in die Schiffskasse.
Wie viel ist das?

d)   20 Kinder haben Sportunterricht.
Sie bilden 6er-Mannschaften.
Wie viele Mannschaften können sie bilden?
Wie viele Kinder sind Ersatzspieler?

e)   Im Sportunterricht werden 3er-Mannschaften gebildet.
20 Kinder sind da.
Wie viele Mannschaften gibt es?

f)   Herr Müller kauft Traubenzucker für seine Schulklasse.
Jedes der 25 Kinder soll ein Stück bekommen.
In einer Packung Traubenzucker sind 6 Stück.
Wie viele Packungen muss Herr Müller kaufen?
Wie viel Stück Traubenzucker bleiben übrig?

2   Der Bauer holt 25 Eier aus dem Hühnerstall.
Er packt sie in 6er-Kartons.
Wie viele Eier bleiben übrig?

Schau dir Georgs Lösung an.
Hat er richtig gerechnet?
Falls nicht, beschreibe was er falsch
gemacht hat und löse die Aufgabe
richtig.

Georgs Lösung:
R: 25 : 6 = 4 R 1
A: 4 Eier bleiben übrig. f

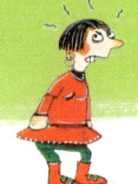

25. Rechengeschichten

1 Was wäre, wenn …

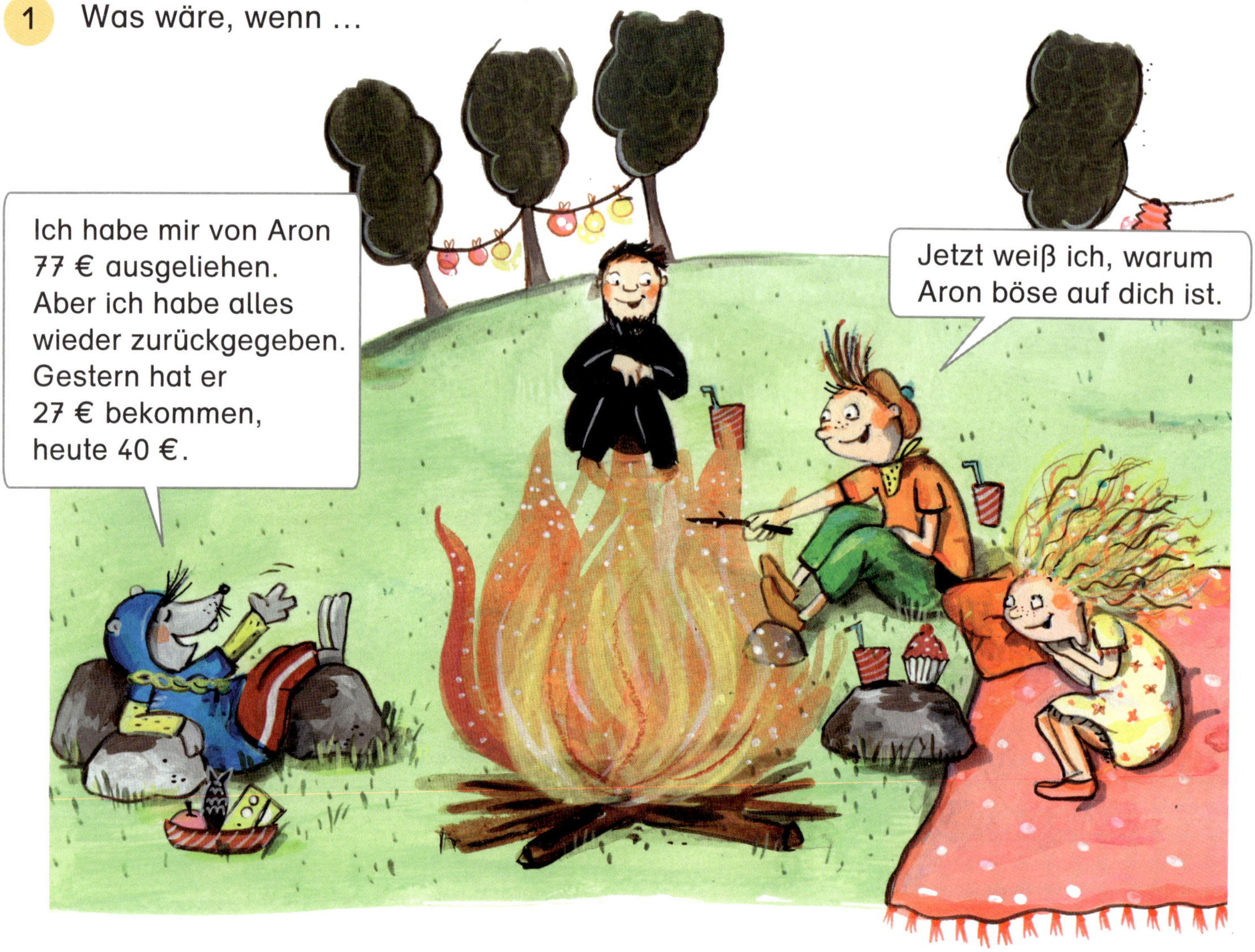

Ich habe mir von Aron 77 € ausgeliehen. Aber ich habe alles wieder zurückgegeben. Gestern hat er 27 € bekommen, heute 40 €.
Jetzt weiß ich, warum Aron böse auf dich ist.

Ändere die Geschichte so, dass sie ein gutes Ende nimmt.
Gibt es verschiedene Möglichkeiten?
Vergleiche deine neue Geschichte mit anderen Kindern.

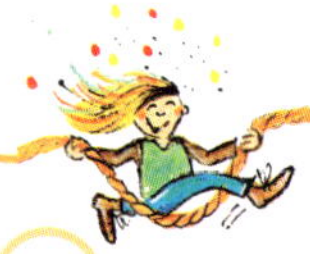

Bleib in Form!

2 Rechne und ergänze die fehlende Rechnung.

25 : 5 =	18 : 9 =	20 : 4 =	35 : 7 =
25 : 6 =	18 : 8 =	20 : 3 =	35 : 6 =
25 : 7 =	18 : 7 =	20 : 2 =	35 : 5 =
: =	: =	: =	: =

Sachrechnen
1) TIPP Weitere Rechengeschichten zum Verändern LH, Abenteuergeschichte ▶LH

25. Rechengeschichten

1 Spiele diese Szene mit anderen Kindern nach.

Julia hat von ihrer Oma 100 Euro bekommen.
Sie kauft ein Aquarium für 70 €.
Dazu nimmt Julia noch eine Wasserpflanze
für 10 € und zwei Fische.
Ein Fisch kostet 5 €.

Wie viel Geld hat Julia am Ende noch?

a) Ändere die Geschichte: Julia bekommt 90 €.

b) Ändere die Geschichte: Ein Fisch kostet 3 €.

c) Ändere die Geschichte: Das Aquarium kostet nur die Hälfte.

2 Ludwig hat zwei mittelgroße Hunde.
Wie viele Packungen *FressFress* muss
Ludwig am Montag kaufen, damit er für
die ganze Woche genug Hundefutter hat?

Empfohlene Menge Hundefutter *FressFress* für jeden Tag	
kleiner Hund	1 Packung
mittelgroßer Hund	2 Packungen
großer Hund	3 Packungen

Beschreibe, wie du die Aufgabe gelöst hast.

Ändere

a) die Zahl der Hunde

b) die Größe der Hunde

in der Aufgabe und löse sie erneut.

3 Im Tiergeschäft gibt es drei verschiedene Arten von Kratzbäumen für Katzen.
Der kleinste Kratzbaum kostet 28 €.
Der mittlere Baum kostet doppelt so viel.
Der große Kratzbaum kostet 15 € mehr als der mittlere.

a) Wie viel kostet der große Kratzbaum?
Beschreibe, wie du die Aufgabe gelöst hast.

b) Ändere den Preis des kleinsten Kratzbaums,
sodass der größte Kratzbaum weniger als 60 € kostet.

c) Ändere den Preis des kleinsten Kratzbaums,
sodass der größte Kratzbaum mehr als 80 € kostet.

Sachrechnen

25. Rechengeschichten

1 Finde Aufgaben zu diesen Antworten.
Vergleiche deine Geschichten mit anderen Kindern.

a) Im Korb liegen noch 5 Äpfel.

b) Frau Huber bezahlt 32 €.

c) Die Lokomotive ist um 6 Meter länger.

d) Petra hat 3 € zu wenig.

e) Zusammen haben sie 100 Murmeln.

2 Finde Aufgaben zu diesen Rechnungen.

a) $15 + 8$ c) $90 - 26$ e) $6 \cdot 4$ g) $35 : 5$

b) $42 + 25$ d) $62 - 5$ f) $9 \cdot 7$ h) $64 : 8$

3 Finde Aufgaben zu einem Besuch im Kino.

Kartenpreise

Erwachsene	10 €
Kinder bis 14 Jahre	7 €
Kinomontag: alle Karten	6 €

Popcorn	3 € (klein)
	5 € (groß)
Getränk	4 € (klein)
	6 € (groß)

Bleib in Form!

4 Rechne und ergänze die fehlende Rechnung.

$35 + 5 =$ ☐ $74 + 6 =$ ☐ $42 + 16 =$ ☐ $90 + 5 =$ ☐

$35 + 10 =$ ☐ $76 + 6 =$ ☐ $39 + 19 =$ ☐ $80 + 10 =$ ☐

$35 + 15 =$ ☐ $78 + 6 =$ ☐ $36 + 22 =$ ☐ $70 + 15 =$ ☐

☐ + ☐ = ☐   ☐ + ☐ = ☐   ☐ + ☐ = ☐   ☐ + ☐ = ☐

Sachrechnen

26. Bauwerke

1 Wie viele Mauersteine würde Aron brauchen, damit seine Treppe hoch genug ist?

2 Wie viele Würfel brauchst du für die einzelnen Bauwerke?
Baue sie nach.

a)
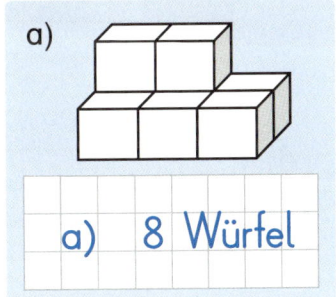

a)	8 Würfel

d)
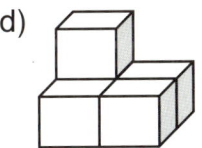

b)
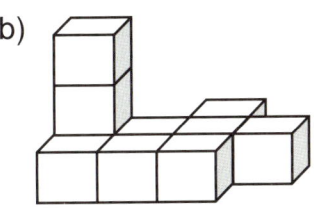

e)
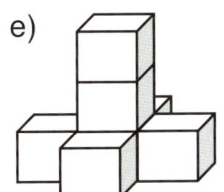

c)
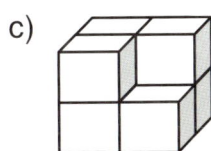

f)
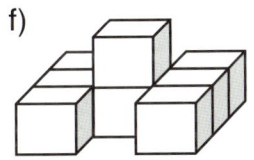

26. Bauwerke

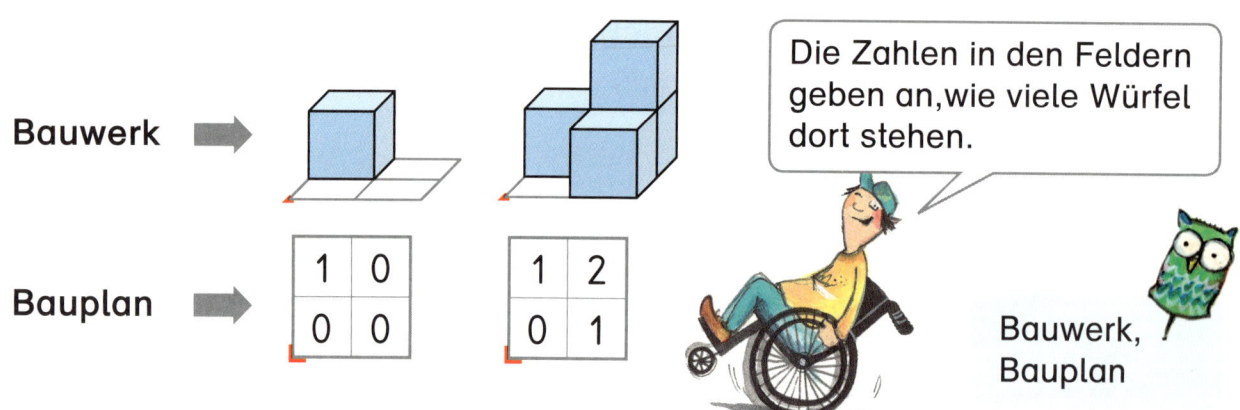

Bauwerk ➡

Bauplan ➡

1	0
0	0

1	2
0	1

Die Zahlen in den Feldern geben an, wie viele Würfel dort stehen.

Bauwerk, Bauplan

1 Erstelle die Baupläne für diese Bauwerke.

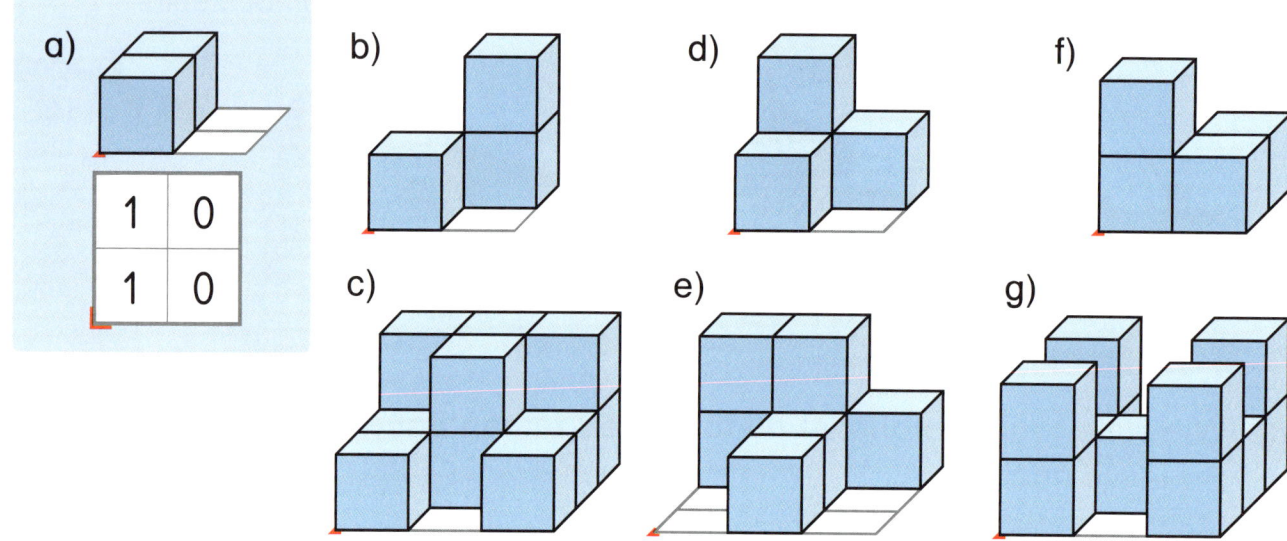

a)

1	0
1	0

b)

d)

f)

c)

e)

g)

2 Erstelle Bauwerke nach diesen Bauplänen.

a)
1	2
1	2

b)
3	0
2	1

c)
3	1
1	2
3	1

d)
2	1	1	2
1	0	4	1
2	1	1	2

Bleib in Form!

3 Rechne.

10 · 6 = ☐   10 · 4 = ☐   10 · 7 = ☐   10 · 8 = ☐

9 · 6 = ☐   9 · 4 = ☐   9 · 7 = ☐   9 · 8 = ☐

Geometrische Körper: Würfelbauten, Bauwerk, Bauplan

1 Lege diese Bauwerke aus Bausteinen nach und zeichne in dein Heft, wie sie von vorne, von oben und von der Seite aussehen werden.

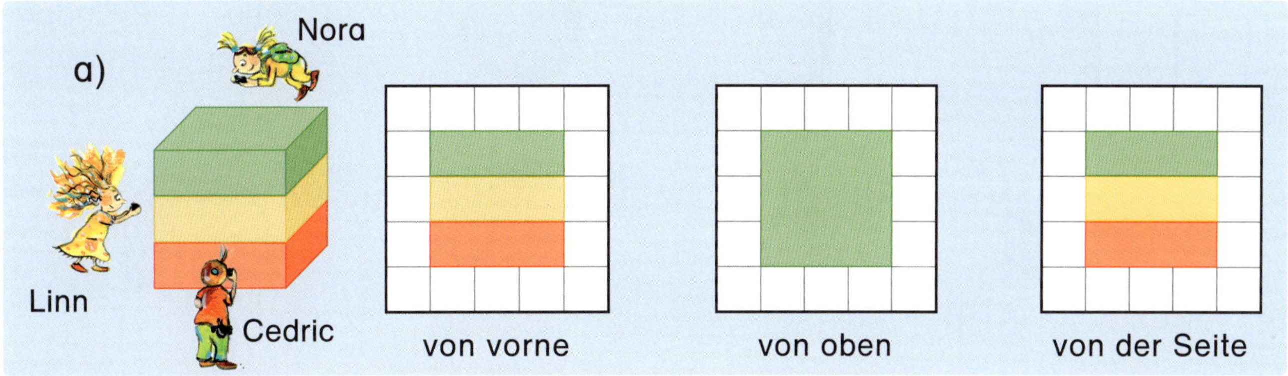

a)

Nora

Linn

Cedric

von vorne   von oben   von der Seite

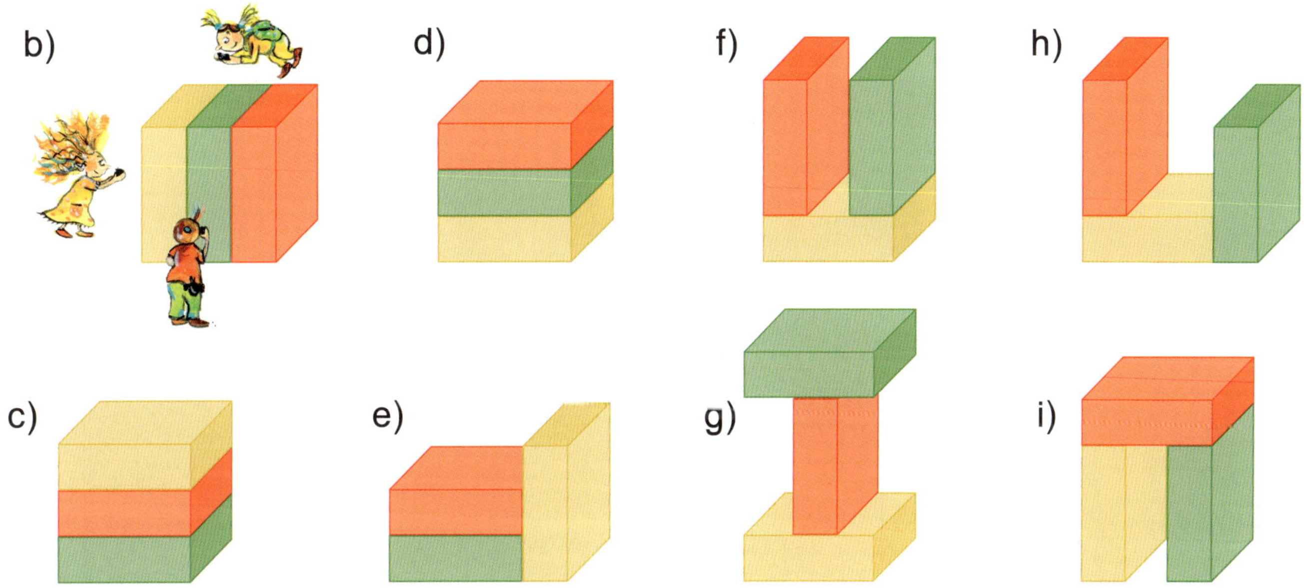

b)

d)

f)

h)

c)

e)

g)

i)

2 Stelle ähnliche Bauwerke aus Bausteinen her. Zeichne deren Ansichten von vorne, von oben und von links.

Geometrische Körper: Ansichten
1) Nora blickt von oben auf das Bauwerk, Linn von der Seite und Cedric von vorne.

26. Bauwerke

1 Benenne die geometrischen Körper.

Würfel   Quader
Pyramide   Kegel
Prisma   Zylinder
Kugel

a)

c)

e)

b)

d)

f)

g)

2 Aus welchen Körperformen bestehen diese Gebäude?

Atomium in Brüssel

Kubushäuser in Holland

Bleib in Form!

3 Rechne.

5 · 8 =   5 · 3 =   5 · 7 =   5 · 4 =

6 · 8 =   6 · 3 =   6 · 7 =   6 · 4 =

Geometrische Körper

1 Löse die Rechnung und finde das richtige Passwort.
Gibt es einen Trick?

+ 18   – 25   – 18   + 25

– 37   + 37   45

2 Denke nach, bevor du rechnest.
Wie kannst du die Rechnungen vereinfachen? Erkläre.

a) 36 + 9 – 9 =
   36 + 9 – 8 =

+ 9
36
– 8

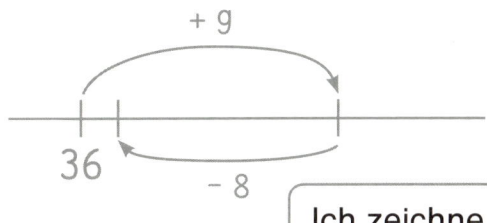

Ich zeichne einen Rechenstrich.

b) 79 + 6 – 6 =
   79 + 7 – 6 =

c) 67 + 14 – 14 = 　　e) 85 – 67 + 67 =
   67 + 14 – 13 = 　　 85 – 67 + 70 =

d) 43 + 28 – 28 = 　　f) 56 + 35 – 35 = 　　g) 92 – 43 + 43 =
   43 + 29 – 28 = 　　 56 + 36 – 35 = 　　 92 – 43 + 44 =

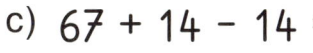

Plus- und Minusrechnen: Rechenstrich
1) Abenteuergeschichte ▶ LH

27. Rechentricks

1 Manche Rechnungen löst Nora mit dem Nachbarzahlentrick.
Erkläre, wie Nora rechnet.

57 + 19 = ▢

Das rechne ich anders ...

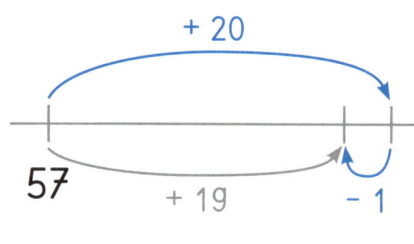

2 Rechne.

57 + 20 = ▢	34 + 60 = ▢	72 + 10 = ▢	48 + 30 = ▢
57 + 19 = ▢	34 + 59 = ▢	72 + 9 = ▢	48 + 29 = ▢

3 Rechne. Nutze den Nachbarzahlentrick.

46 + 19	52 + 29	67 + 9	35 + 39	56 + 39

4 Nutze diesen Trick auch bei Minusaufgaben.

53 − 10 = ▢	64 − 30 = ▢	85 − 20 = ▢	76 − 50 = ▢
53 − 9 = ▢	64 − 29 = ▢	85 − 19 = ▢	76 − 49 = ▢

5 Rechne. Nutze den Nachbarzahlentrick.

94 − 39	47 − 19	62 − 29	84 − 39	35 − 9

> **Bleib in Form!**

6 Anna, Wilhelm und Pit zählen ihr Geld.

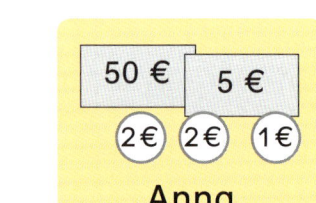

Anna

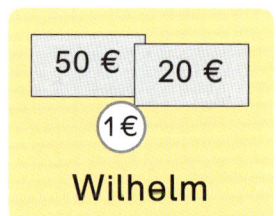

Wilhelm

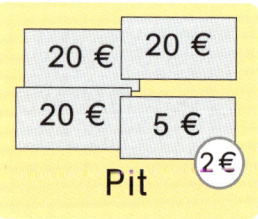

Pit

a) Wie viel Geld haben Anna, Wilhelm und Pit?

b) Wer hat mehr Geld: Anna oder Pit? Um wie viel mehr?

Plus- und Minusrechnen: Rechenstrategien

27. Rechentricks

1 Setze die Zahlenreihen fort. Beschreibe die Muster.

a) 36, 45, 54, 63, ▢, ▢

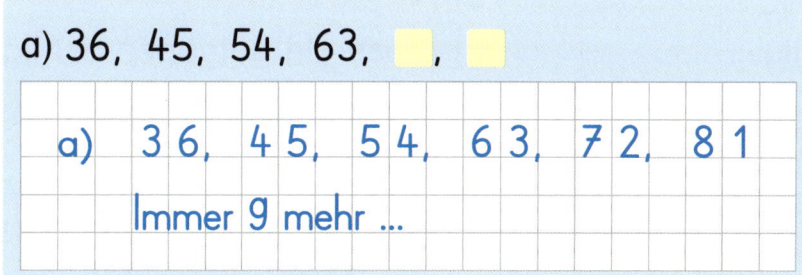

a) 3 6, 4 5, 5 4, 6 3, 7 2, 8 1
Immer 9 mehr …

b) 24, 29, 34, 39, ▢, ▢

c) 80, 73, 66, 59, ▢, ▢

d) 12, 24, 36, 48, ▢, ▢

e) 100, 85, 70, 55, ▢, ▢

2 Erfinde Zahlenreihen.

1. Schreibe eine Zahlenreihe auf ein Blatt Papier.

2. Auf die Rückseite schreibst du, wie die Reihe weitergeht.

3. Ein anderes Kind beschreibt deine Reihe und sagt,
   wie sie weitergeht.

3 Beschreibe diese Zahlenreihe.

60,   55,   50,   45,   40,   35

a) Ändere die erste Zahl auf 61. Wie ändern sich die anderen Zahlen?

b) Ändere die erste Zahl auf 58. Wie ändern sich die anderen Zahlen?

c) Ergänze den Satz:

   „Wenn ich die erste Zahl um 4 größer mache, dann …"

4 ★ Finde die fehlenden Zahlen in diesen Zahlenreihen.
Beschreibe, wie du die Lösungen gefunden hast.

a) 54, ▢, 66, ▢, ▢, 84   c) ▢, 52, ▢, 28, ▢, 4

b) 44, ▢, ▢, 32, ▢, 24   d) ▢, ▢, 54, ▢, 76, ▢, 98

5 Rechne und finde die fehlenden Aufgaben.
Beantworte die Fragen zu den Päckchen.

a) 54 + 13 = ▢
   55 + 12 = ▢
   56 + 11 = ▢   Warum bleibt
   ▢ + ▢ = ▢   das Ergebnis
                   immer gleich?

b) 35 – 10 = ▢
   40 – 20 = ▢   Wie weit kann
   45 – 30 = ▢   man diese
                   Rechnungen
   ▢ – ▢ = ▢   fortsetzen?

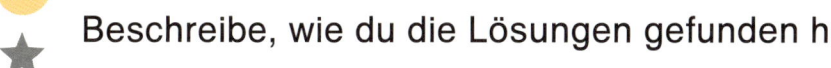

27. Rechentricks

1 Frank macht immer wieder den gleichen Fehler.

    a) Löse die Aufgaben richtig.

⭐ b) Worauf soll Frank in Zukunft achten?

$$65 + 9 = 47 \quad f$$
$$42 + 4 = 64 \quad f$$
$$23 + 8 = 13 \quad f$$
$$74 + 9 = 38 \quad f$$

2 Helge macht immer wieder den gleichen Fehler.

    a) Löse die Aufgaben richtig.

⭐ b) Worauf soll Helge in Zukunft achten?

$$78 - 14 = 74 \quad f$$
$$96 - 51 = 55 \quad f$$
$$42 - 14 = 38 \quad f$$
$$53 - 19 = 44 \quad f$$

3 Sieglinde macht immer wieder den gleichen Fehler.

    a) Löse die Aufgaben richtig.

⭐ b) Worauf soll Sieglinde in Zukunft achten?

$$65 - 29 = 34 \quad f$$
$$48 - 19 = 27 \quad f$$
$$93 - 49 = 42 \quad f$$
$$37 - 9 = 26 \quad f$$

4 Ruth macht immer wieder den gleichen Fehler.

    a) Löse die Aufgaben richtig.

⭐ b) Worauf soll Ruth in Zukunft achten?

$$45 + 16 = 55 \quad f$$
$$62 + 34 = 92 \quad f$$
$$17 + 28 = 37 \quad f$$
$$53 + 34 = 83 \quad f$$

Bleib in Form!

5 Rechen – Rap
Übe die 4er-Reihe mit Musik.

1 mal 4 gleich wie viel?

2 mal 4 gleich wie viel?

1 mal 4 gleich 4.

2 mal 4 gleich 8.

Plus- und Minusrechnen: in Rechnungen Fehler finden und erklären

1 Lies den Text und beantworte die Fragen.

Auf dem Schiff sind viele Leute: siebzehn Köche, vierzehn Bräute, zwölf Matrosen ohne Rosen, fünfundvierzig Dosen, vierzig Pferde, Blumenerde, eine klitzekleine Ziegenherde. Schließlich ist noch drin: die Königin.

a) Wie viele Menschen sind an Bord des Schiffes?

b) Wie viele Dosen bleiben übrig, wenn sich jeder Mensch auf dem Schiff eine Dose nimmt?

c) Sind mehr Matrosen als Köche auf dem Schiff?

d) Sind mehr Pferde als Ziegen auf dem Schiff?

2 Kann das stimmen? Begründe deine Antwort.

a) Günther behauptet:
„Neulich war ich mit meinem Vater im Kino.
Eine Eintrittskarte hat 75 € gekostet."

b) Theo erzählt: „Mein Fahrrad kostet 499 €.
Dazu hat mir meine Mama noch einen Helm und eine Hupe gekauft.
Alles zusammen hat dann rund 400 € gekostet."

c) Lisa behauptet:
„Als ich gestern in den Bus gestiegen bin, war er halb voll.
Dann sind ein paar Leute eingestiegen und
doppelt so viele sind ausgestiegen. Dann war der Bus voll."

Wiederholung: Sachrechnen

28. Das kann ich schon!

1 Nenne die Zahlen und ihre Nachbarzehner.

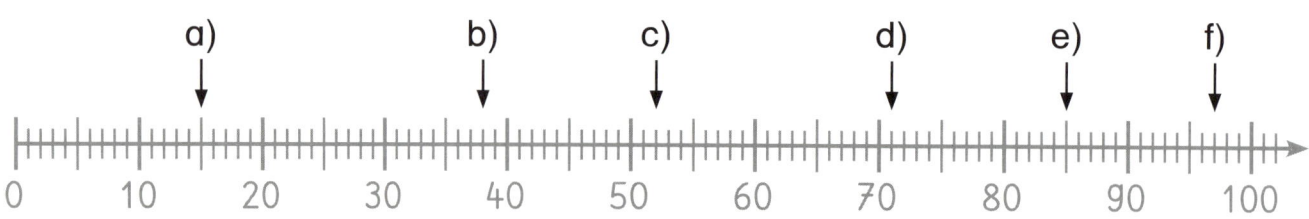

2 Drei Zahlen, vier Aufgaben.

a)
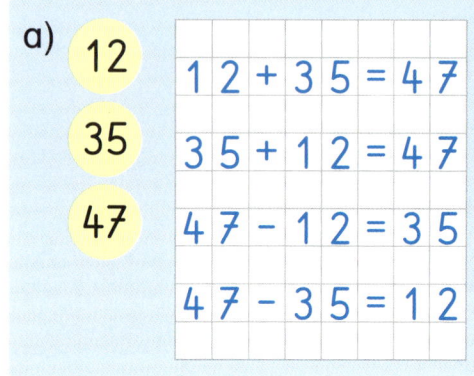

b) 22 76 98

c) 85 15 100

d) 49 23 ?

e) 65 18 ?

3 Rechne.

57 + 21 =	19 + 56 =	74 − 31 =	80 − 16 =
23 + 72 =	36 + 14 =	95 − 23 =	90 − 38 =
61 + 11 =	27 + 57 =	87 − 16 =	42 − 18 =
33 + 14 =	63 + 18 =	53 − 33 =	63 − 29 =

Bleib in Form!

4 ⭐ Löse die Zahlenmauern.

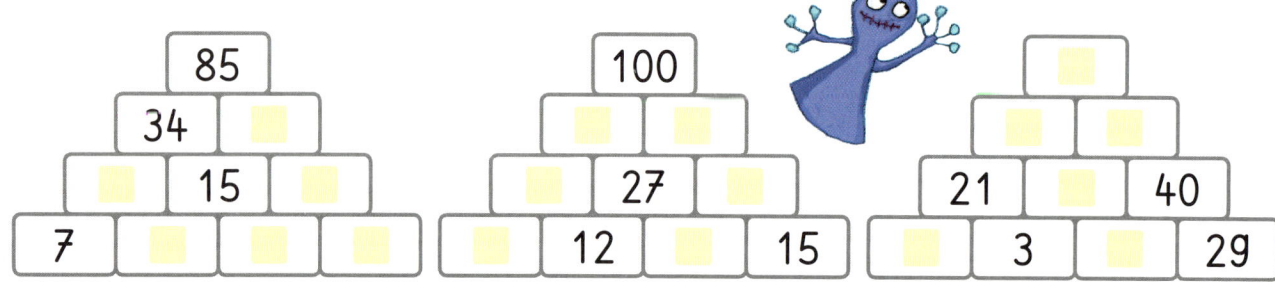

Wiederholung: Plus- und Minusrechnen über den Zehner, Zahlenmauern

28. Das kann ich schon!

1 Schreibe eine Tabelle mit den Namen der geometrischen Körper und deren Anzahl.

Name	Anzahl
Würfel	4
Quader	
Zylinder	

2 Rechne und kontrolliere mit der Umkehraufgabe.

14 : 2

$14 : 2 = 7$, weil $7 \cdot 2 = 14$

20 : 2	15 : 3	8 : 4
24 : 4	35 : 5	27 : 9

3 Rechne.

$16 : 4 = $ ▢ $20 : 10 = $ ▢ $56 : 8 = $ ▢ $27 : 9 = $ ▢ $42 : 7 = $ ▢

$18 : 3 = $ ▢ $42 : 6 = $ ▢ $49 : 7 = $ ▢ $6 : 2 = $ ▢ $54 : 9 = $ ▢

4 Rechne.

$15 : 7 = $ ▢ R ▢ $20 : 3 = $ ▢ R ▢ $39 : 5 = $ ▢ R ▢ $87 : 10 = $ ▢ R ▢

$30 : 4 = $ ▢ R ▢ $47 : 10 = $ ▢ R ▢ $39 : 6 = $ ▢ R ▢ $19 : 2 = $ ▢ R ▢

5 Finde Fragen und löse die Aufgaben.

a) Vier Freunde teilen eine Packung mit 25 Luftballons.

b) 50 Leute wollen mit der Seilbahn auf einen Berg fahren. In einer Gondel haben 8 Leute Platz.

c) In einem Lagerraum stehen fünf Kisten Mineralwasser. In jeder Kiste sind 6 Flaschen.

d) Petra, Ida und Susanne kaufen gemeinsam einen Volleyball. Der Ball kostet 27 €.

Wiederholung: geometrische Körper, Teilen mit Rest, Umkehraufgaben

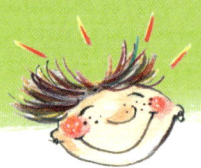

Knobelaufgabe

★ Überlege, wie du die Knobelaufgabe lösen kannst.
Sprich mit anderen Kindern darüber.

1 Sommerträume

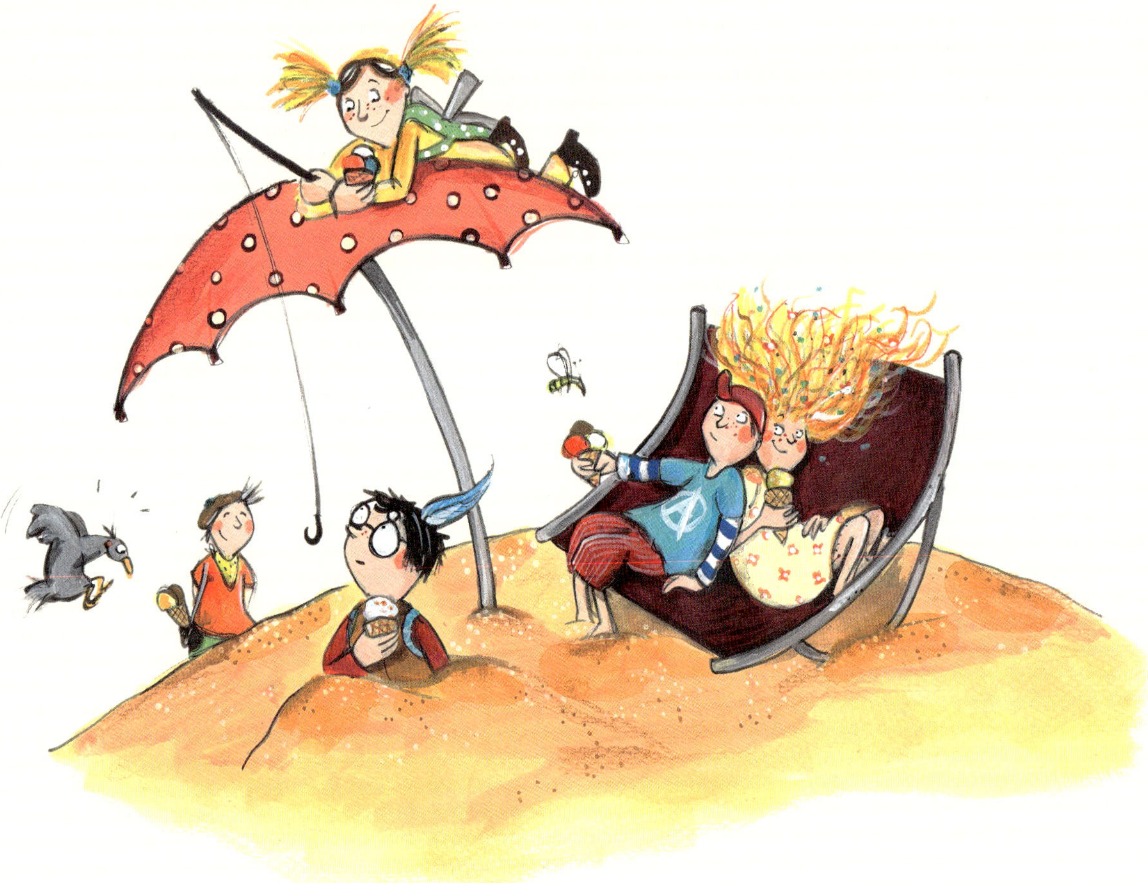

a) Wie viel Eis wirst du diesen Sommer essen?

b) Wie oft wirst du schwimmen gehen?

c) Wie viele Nächte wirst du nicht zuhause schlafen?

d) Wie viele Stunden wirst du in diesem Sommer lesen?

Knobelaufgabe: Weitere Anregungen zu Fermi-Aufgabe ▶ LH